DESIGN FÜR ALLE
STANDARD? EXPERIMENT?
NOTWENDIGKEIT?

© 2021 Metropol Verlag
Ansbacher Straße 70, 10777 Berlin
www.metropol-verlag.de

Umschlagabbildung: Thomas Bruns/GHWK, 2020
ISBN: 978-3-86331-584-9

Gestaltung: Christine Kitta
Druck: buchdruckerei.de, Berlin
Alle Rechte vorbehalten

Die Beauftragte der Bundesregierung
für Kultur und Medien

LOTTO STIFTUNG BERLIN

Elke Gryglewski
Hans-Christian Jasch
David Zolldan
(Hrsg.)

DESIGN FÜR ALLE
STANDARD? EXPERIMENT? NOTWENDIGKEIT?

**Das Making of zur 3. Dauerausstellung
in der Gedenk- und Bildungsstätte
Haus der Wannsee-Konferenz**

GEDENK- UND
BILDUNGSSTÄTTE
**HAUS DER
WANNSEE-KONFERENZ**

Ⓜ | METROPOL

INHALT

VORWORT

Die Veröffentlichung »Design für Alle. Standard? Experiment? Notwendigkeit?« zur 3. Dauerausstellung der Gedenk- und Bildungsstätte Haus der Wannsee-Konferenz möchte Anregungen für vergleichbare Projekte geben bzw. eine Entscheidungshilfe für Einrichtungen sein, die vor ähnlichen Fragen stehen. Damit möchten wir einen Beitrag zur Diskussion über zeitgemäße Gestaltungs-formen, Narrationen und konzeptionelles Arbeiten für inklusive Ausstellungen an historischen Orten leisten. In dieser Publikation kommt die gesamte Band-breite der an der Ausstellungsentwicklung beteiligten Akteure zu Wort – von den Kurator*innen über die Bildungsabteilung, die Sachverständigen für Barriere-freiheit, die Fokusgruppe bis zu den Medienfirmen und den Denkmalschutz. Die Beteiligten lassen den Prozess der Erarbeitung der Ausstellung Revue passieren, stellen Hintergrundmaterial vor, machen Erfahrungen transparent und formulieren Empfehlungen. Entstanden ist eine offene und kritische Reflexion des Entstehungsprozesses, so wie sie dem historischen Ort am Wann-see mit seinen komplexen Inhalten gebührt. Sie berücksichtigt die Ausein-andersetzung mit dem Vergangenen, die wichtig ist für die Entstehung des neuen Vermittlungsangebots.

———

Sie erreichen uns unter folgender Emailadresse: designfueralle@ghwk.de. Diese Publikation ergänzendes Material – wie vertiefende, als Audio abrufbare Diskussionsrunden und Informationen zum Ausstellungskatalog – findet sich auf der Webseite unter: www.ghwk.de/de/ausstellung/dauerausstellung.

Elke Gryglewski
Hans-Christian Jasch
David Zolldan

EINLEITUNG

Eine Ausstellung im »Design für Alle« in der Gedenk- und Bildungsstätte Haus der Wannsee-Konferenz (GHWK)

»Es ist für mich ein besonderes Erlebnis, an dem Ort zu sein, an dem der Mord an meinem Großonkel geplant wurde.«

Dieser Eintrag stammt aus dem Gästebuch der Gedenk- und Bildungsstätte Haus der Wannsee-Konferenz (GHWK). Besucher*innen hinterlassen dort regelmäßig viele ähnliche Einträge. Das überrascht nicht – schließlich gehört dieser historische Ort zu den zentralen Gedenkstätten und Erinnerungsorten an die systematische Verfolgung und Ermordung der Jüdinnen und Juden Europas. Im Gegensatz zu vielen anderen Gedenkstätten an den Orten des Mordens ist die GHWK jedoch ein eher abstrakter »Ort der Täter« und ein Tatort. Hier trafen sich am 20. Januar 1942 fünfzehn hochrangige Vertreter des nationalsozialistischen Regimes, um Verbrechen zu koordinieren, die zunächst vorwiegend weit weg »im Osten« verübt wurden. Während der Judenmord 1941 / 42 mittels Massenerschießungen sowie in den Ghettos, Vernichtungs- und Arbeitslagern vorwiegend in Osteuropa stattfand, steht die elegante großbürgerliche Villa im Berliner Vorort-Stadtteil Wannsee für behördliche Abstimmungsprozesse einer modernen Verwaltung, für arbeitsteilige Täterschaft und für die Einbindung staatlicher Behörden in den ungeheuerlichen, bereits laufenden Mordprozess[1]. Besonders an diesem Ort lässt sich deutlich

---

1 Während der Erarbeitung dieser Publikation wurde parallel an weiteren Veröffentlichungen gearbeitet. Vgl. H.C. Jasch, Die Gedenk- und Bildungsstätte Haus der Wannsee-Konferenz, in: GWU 72 (2021) 3/4, S. 145–161.

machen, in welcher Weise und in welchem Umfang deutsche Verwaltungs-
eliten und über die Institutionen, die sie vertraten, auch große Teile der sie
tragenden deutschen Gesellschaft unmittelbar oder mittelbar am Holocaust
beteiligt waren, hiervon profitierten und welche Auswirkungen ihre Planung
auf die Umsetzung des Mordprojektes hatten. Das Haus der Wannsee-Konferenz ist damit ein Ort, an dem es gilt, Prozesse des behördlichen Zusammen-
wirkens, aber auch der individuellen und gesellschaftlichen Verantwortung zu
vermitteln.

Die Erinnerung an den Mord von Jüdinnen und Juden prägt unsere Gesell-
schaften auf unterschiedliche Art und Weise bis heute. Die zahlenmäßige
Dimension des Mordens, aber auch die hierbei angewandten Methoden stellen
insbesondere für die europäisch geprägten Gesellschaften eine besondere
Gewalterfahrung dar, die bis heute auf gesellschaftlicher und individueller
Ebene vielfältig nachwirkt. Je nach Betrachtungsweise gilt der Holocaust als
<u>der</u> Zivilisationsbruch oder <u>das</u> Zivilisationsverbrechen, d.h. der Gipfel des
Ungeheuerlichen, wozu die zivilisierte Menschheit fähig war. Wir wissen heute,
dass die Verbrechen nicht isoliert von einer kleinen »Clique« von Tätern und –
in deutlich geringerem Maße – Täterinnen begangen wurden, sondern auch
in einem gesellschaftlichen Kontext mit unterschiedlichsten Formen gesellschaftlicher Beteiligung standen, die vom aktiven Mitwirken, Profitieren und
Geschehen-Lassen bis hin zur Hilfe für Verfolgte und Widerstand gegen die
Verfolger reichten. Die Täter und Täterinnen waren Teil von Gesellschaften und
blieben es auch, nachdem der Massenmord der Deutschen durch den äußerst
verlustreichen Sieg der Alliierten beendet wurde. Nur ein Teil der Tatbeteiligten
wurde nach 1945 zur Verantwortung gezogen, andere konnten sich – bestraft
oder unbestraft – recht zügig in die Nachkriegsgesellschaften integrieren
und diese mitgestalten. Gerade in den »Täterstaaten« – insbesondere in West-
Deutschland und Österreich – sind wichtige Institutionen maßgeblich durch
langjährige personelle Kontinuitäten von Menschen geprägt, die in der einen
oder anderen Form für Ausgrenzung, Entrechtung und schließlich den Mord
verantwortlich waren. Dies wirkte sich auch auf die schleppende Ahndung von
Verbrechen, die zögerliche oder gar verweigerte Rehabilitierung und Entschä-
digung der Opfer sowie die weitere Ausgrenzung von Gruppen wie Menschen
mit Behinderungen, Sinti und Roma, Homosexuellen, politisch Verfolgten oder

sogenannten Asozialen aus. Auch das mehrheitliche Schweigen der Nachkriegs-
gesellschaft und die hier entstandenen, bis in die Gegenwart wirkenden Mythen
sind ein vielsagendes Beispiel für diese Kontinuitäten. Mythen, die zur Entlastung von Schuld und Verantwortung beitragen sollten, dienten in einem vom
Kalten Krieg geprägten Klima auch dazu, die Gesellschaft vordergründig zu
stabilisieren. Juristische und ideologische Kontinuitäten beeinflussten den Blick
auf Jüdinnen und Juden sowie andere Minderheiten[2] und den Umgang mit ihnen. Bis heute werden sie zu »Anderen« gemacht und müssen unter antisemiti-
schen und anderen menschenfeindlichen Einstellungen und Handlungen leiden.

Während sich der wissenschaftliche Zugang zu diesen und anderen Aspekten in den letzten Jahren weiter ausdifferenzierte, wurde die Kluft zwischen
dem Wissen um die NS-Zeit und dem Umgang mit ihr in der breiteren Bevölkerung größer.[3] Diese Erkenntnis deckt sich nicht zuletzt mit dem Erfahrungs-
wissen des Gedenkstättenpersonals. Dass die Täter vor der Entscheidung zum
systematischen Massenmord andere Pläne zur Ausgrenzung, Entrechtung und
Verfolgung der jüdischen Bevölkerung und anderer Gruppen entwarfen und
in Teilen umsetzten, ist nur wenigen gegenwärtig. Für viele Besucher*innen von
Gedenkstätten vermengt sich gedanklich die Errichtung der NS-Diktatur mit
der Finalität des Mordens. Der Weg in den Holocaust wird so als linearer, vor-
herbestimmter und damit wenig beeinflussbarer Prozess wahrgenommen.
Die Komplexität des Geschehens, die keineswegs monokausalen Bedingungen,
die das Morden ermöglichten, geraten dabei aus dem Blickfeld.

Angesichts dieser historischen Bedeutung sind die an die Gedenk- und
Bildungsstätte herangetragenen Erwartungen hoch. Mit ihrer Arbeit will sie
gegen Antisemitismus und Rassismus sensibilisieren und ein Bewusstsein für
die Fragilität der demokratischen Verfasstheit unserer Gesellschaft schaffen.
Angehörige von Verfolgten wünschen sich – zu Recht – die Repräsentation ihrer
Geschichte und ein angemessenes Gedenken an die Ermordeten. Die hauseige-
ne Joseph Wulf Bibliothek und die Bildungsarbeit versuchen seit Jahrzehnten,

---

2 Dies gilt auch für Sinti und Roma, deren Verfolgung in der GHWK aufgrund des hier 1942 alleinig
verhandelten Ziels der Verfolgung und Ermordung der europäischen Jüdinnen und Juden in der
ständigen Ausstellung jedoch eine nachgeordnete Rolle spielt.

3 Vgl. bspw. Michael Papendick/Jonas Rees/Franziska Wäschle/Andreas Zick, Multidimensionaler
Erinnerungsmonitor (MEMO) III/2020, S. 14 f.; abrufbar u.a. auf https://www.stiftung-evz.de.

diesen Ansprüchen gerecht zu werden. Hierbei werden die Tatbeteiligten und Tatkomplexe thematisiert. Ebenso wird versucht, den Verfolgten eine Stimme zu gegeben. Auch das zentrale und von allen Einzel- und Gruppenbesucher*innen wahrgenommene Vermittlungselement, die Dauerausstellung im Erdgeschoss der Villa, verfolgt den Anspruch, diesen Erwartungen zu genügen und möglichst viele Menschen mit seinen Kernbotschaften zu erreichen. Daraus ergab sich die Notwendigkeit, die Ausstellung im Sinne eines Designs für Alle zu überarbeiten. Die Entscheidung, sich nicht nur auf ausgewählte, an diesem Ort besonders naheliegende Zielgruppen wie Mitarbeiter*innen staatlicher Behörden zu fokussieren, beruhte neben der Überzeugung, als öffentliche Einrichtung einen breiten Bildungsauftrag ernst zu nehmen, vor allem auch auf den Erfahrungen, die mit den vorangegangenen zwei Ausstellungen seit Gründung der Gedenkstätte gemacht worden waren.

Die erste Dauerausstellung (1992–2006)

Seit ihrer Eröffnung im Jahr 1992 hatte die GHWK als öffentlich finanzierte Einrichtung immer das Ziel, ein möglichst breites Publikum zu erreichen. Als zentrales Vermittlungsinstrument, um sowohl erwachsene als auch jugendliche Besucher*innen mit vielfältigen Hintergründen anzusprechen, diente von Anfang an eine Dauerausstellung im Erdgeschoss des Hauses. Die neue Dauerausstellung im Design für Alle ist bereits die dritte, die in der Gedenkstätte gezeigt wird. Jede dieser Ausstellungen war geprägt von den Diskussionen in der Zeit ihrer jeweiligen Entstehungsgeschichte und den beteiligten Kurator*innen. So spiegelte die erste Ausstellung, die der Gründungsdirektor Gerhard Schoenberner auf der Grundlage seines Buches »Der gelbe Stern« aus dem Jahr 1960 zur Eröffnung der Gedenkstätte konzipierte, in starkem Maße dessen eigene Biografie als einer der Pioniere und Vorkämpfer für die Auseinandersetzung mit der Vergangenheit wider. Prägend war ferner sein Wunsch, das Publikum mit der Ausstellung aufzurütteln und emotionale Betroffenheit zu erzeugen. Sie hatte einen <u>appellativen Charakter</u>. Um dieses Ziel zu erreichen, wurden großflächige Fotos verwendet, die den Leidensweg der Opfer dokumentieren sollten. Die schwarz-weißen Fotos, die bewusst geschnitten und in Szene gesetzt wurden, bildeten das zentrale Gestaltungselement. Hinzu kamen einige wenige Objekte, wie etwa ein Stoffballen mit den seit dem

Umgang mit Quellen und Gewaltdarstellungen in der ersten Dauerausstellung, *Foto: GHWK*

1. September 1941 verpflichtend zu tragenden gelben Judensternen und später für kurze Zeit leihweise der Koffer, den die Schriftstellerin Else Ury bei ihrer Deportation nach Auschwitz bei sich führte. Als Ausstellungstafeln wurden Milchglasscheiben verwendet, auf die die Fotos und Dokumente aufgezogen waren. Diese Scheiben verstellten bewusst die Fenster der Villa. Das großbürgerliche Ambiente des Hauses sollte hinter den großflächigen Fotos der Opfer zurücktreten. Die repräsentative Villa sollte nicht von der Verbrechensgeschichte ablenken, die hier erzählt wurde.

Bei der Auswahl der Fotos wurde auf Gewaltdarstellungen nicht verzichtet. Im Gegenteil: Wo immer vorhanden und in der Ausstellung möglich, wurden Fotos gezeigt, die die Verhöhnung der Opfer, sexualisierte Gewalt, Erschießungen und weitere Zeugnisse von Gewalt präsentierten. Hierzu gehörten beispielsweise

auch Fotos von Bergen nackter Leichen und Teile des sogenannten Auschwitz-
oder Lili-Jacob-Albums, das die Tatbeteiligten von der Ankunft mehrerer Trans-
porte ungarischer Jüdinnen und Juden im Frühsommer 1944 aufgenommen
hatten. In der Ausstellung diente dieses fotografische Material der Illustration.
Es sollte dem Publikum das Leid der Opfer nahebringen. Auf eine quellen-
kritische Einordnung der Fotos wurde hingegen weitgehend verzichtet. So
blieb zumeist unklar, woher die Quellen stammten und welche Perspektiven
sie abbildeten. Orts- und Zeitangaben wurden in den Bildunterschriften
allenfalls verkürzt mitgeteilt. Die Fotos sollten also »für sich« wirken und das
Publikum erschüttern. Emotionale Betroffenheit galt damals vielen als Voraussetzung für die Entwicklung einer Haltung, die gewährleisten sollte, dass sich
die hier ausgestellte Geschichte niemals wiederholen können sollte.

Die zweite Dauerausstellung (2006–2019)

Die zweite Ausstellung, die von Schoenberners Nachfolger Norbert Kampe mit
einem Kurator*innenteam nach der Jahrtausendwende entwickelt und 2006
eröffnet wurde, setzte demgegenüber auf ganz andere Gestaltungsmittel.
Deren Wahl spiegelte ebenfalls die Diskussionen in ihrer Entstehungszeit wider.
In Reaktion auf die Debatten aus den Jahren 1995 bzw. 2001 um die erste und
zweite Ausstellung zu den Verbrechen der Wehrmacht[4] hatten Ausstellungen
zur Verbrechensgeschichte im Nationalsozialismus nun auch Beweischarakter.
Sie sollten die Urheberschaft der Verbrechen möglichst genau dokumentieren,
Tatbeteiligte benennen und Originalfotos und Dokumente unbeschnitten und
möglichst nur in Originalgröße wiedergeben. Dies galt es auch bei der Ausstellung in der GHWK zu berücksichtigen. Die Ausstellung sollte vornehmlich die
Komplexität des Verfolgungsprozesses von Jüdinnen und Juden einschließlich
der Frage nach dem Beginn des systematischen Massenmordes dokumentieren. Es entstand eine sehr ausführliche Präsentation, die von den ideologi-
schen Vorläufern des Antisemitismus und Rassismus über die unterschiedlichen Verfolgungsstufen in Deutschland und Europa bis zum systematischen
Massenmord und angrenzenden, damit zusammenhängenden Verbrechens-

---

4   Siehe Hans-Günther Thiele (Hrsg.), Die Wehrmachtsausstellung. Dokumentation einer
       Kontroverse, Bremen 1997.

Umgang mit Quellen in
der zweiten Dauerausstellung,
Foto: GHWK

komplexen reichte. Fotos wurden nur in begründeten Ausnahmefällen – wenn
sie zum Beispiel sehr wichtig für die Betreuung von Gruppen waren – größer
als im Original gezeigt. Jede Quelle war mit ihrer Provenienz gekennzeichnet.

Auch war die Ausstellung Beleg für den inzwischen herrschenden Konsens,
dass Empathie nicht über die Darstellung exzessiver Gewalt bewirkt werden kön-
ne. Fünf exemplarische Biografien sollten insbesondere jugendliche Besucher*innen für die Perspektive der Verfolgten ansprechbar machen. Sofern vorhanden,
wurden Farb- statt Schwarz-Weiß-Fotos genutzt, um die Wahrnehmung einer
vermeintlich großen Distanz zum historischen Geschehen zu brechen.

In den ersten Jahren ihres Bestehens trug die Material- und Inhaltsfülle
der Ausstellung häufig Lob ein. Jugendliche und Erwachsene waren positiv von
der Quellenvielfalt überrascht, die sie in ihrer sonstigen Beschäftigung nicht
hatten kennenlernen können.[5] Jedoch hatte(n) die sich rapide verändernde(n)
Gesellschaft(en) selbst ebenso wie sich wandelnde Seh-, Lese- und Lerngewohnheiten ebenso Auswirkungen auf die Wahrnehmung der Ausstellung. Zunächst waren es vor allem Gruppen aus bildungsdiskriminierten Kontexten,

---

5   Dies betraf beispielsweise die Thematisierung der sogenannten Aktion T4, dem Mord an
     kranken und als behindert definierten Menschen, und der Verbindung zum systematischen
     Massenmord an Jüdinnen und Juden.

die nicht mehr in der Lage waren, sich die Ausstellung ohne Unterstützung zu erschließen, und als Besuchergruppe zunehmend fernblieben. Selbst Studierende und akademisch vorgebildete Einzelbesucher*innen beklagten mit den Jahren die – in ihren Augen – eintönige und zu textlastige Darstellung. Erhebungsdaten und Beobachtungen zur Verweildauer und zur Konzentrationsspanne in Ausstellungen legten eine inhaltliche Restrukturierung und reduzierende Fokussierung nahe. Ferner ließen sie eine Verständigung auf Kernthesen wünschenswert erscheinen, die möglichst <u>alle</u> Ausstellungsbesucher*innen ansprechen sollten. Dazu waren Partizipation und Inklusion gerade im Bildungs- und Kultursektor zu Gradmessern einer gleichberechtigten und zukunftsfähigen Gesellschaft geworden. Basierend auf der UN-Behindertenrechtskonvention, dem Behindertengleichstellungsgesetz, dem Landesgleichstellungsgesetz, dem Allgemeinen Gleichbehandlungsgesetz (AGG), Artikel 3 des Grundgesetzes und neuerdings auch dem Berliner Landes-Antidiskriminierungsgesetz (LADG) ging die Forderung nach Barrierefreiheit öffentlich geförderter Einrichtungen mehr und mehr in eine Verpflichtung über.

Prämissen einer neuen Ausstellung – Design für Alle

Angesichts dieser Entwicklung entschied die Direktion bereits Ende 2015, an einer neuen, dritten Ausstellung zu arbeiten. Zwei wichtige Aspekte – Besucherorientierung und Inklusion – dominierten dabei von Beginn an die Herangehensweise und gaben dem Vorhaben einen Namen: Eine Ausstellung im Design für Alle – einem Design, das menschliche Vielfalt sowie soziale und kulturelle Inklusion unter Beteiligung (potenzieller) Nutzer*innen in den Blick nimmt.[6] Ziel war eine für möglichst <u>alle</u> komfortable und attraktive Ausstellungsinfrastruktur samt Vermittlungsangeboten u. a. durch Anpassung an aktuelle Seh-, Lese- und Lerngewohnheiten. Das Anliegen ging damit über die mit den Begriffen Barrierefreiheit und Inklusion meist alleinig assoziierte Fokussierung auf Menschen mit Einschränkungen aus den Feldern Sehen, Hören, Bewegen, Verstehen und Empfinden hinaus. Inklusive Ansätze für Menschen mit Einschränkungen waren dennoch weit mehr als bloßes politisches

---

6   Siehe auch www.design-fuer-alle.de/design-fuer-alle
[alle Weblinks wurden zuletzt am 22.3.2021 abgerufen und geprüft].

Statement. In einer Gesellschaft mit knapp acht Millionen Menschen oder etwa 10 % der Bevölkerung, die einen diagnostizierten Grad der Behinderung von mindestens 50 % haben,[7] oder beispielsweise knapp 16 Millionen Menschen über 14 Jahren mit einer Hörbehinderung[8] muss eine Ausstellung im Design für Alle vielmehr auch als Pragmatismus und notwendige Maßnahme angesehen werden. Betroffene kritisieren häufig, dass Barrierefreiheit in der Regel als eine Art »Add-On« am Ende eines Ausstellungsprozesses steht. Erst nachdem Wissenschaftler*innen ihre Planungen gemeinsam mit Gestaltungs-büros zu Ausstellungsnarrativen entwickelt und grundsätzliche gestalterische Fragen entschieden haben, würden Betroffenenverbände in der Erwartung hinzugezogen, das fertige Gesamtkonzept nun noch irgendwie barrierefrei zu machen. Da derartige Prozessabläufe in der Regel nicht gut funktionieren, sollten Menschen mit Einschränkungen bei der Erarbeitung der Ausstellung von Beginn an in die Planungen einbezogen werden.

Es sollte eine inklusive Ausstellung entstehen, die architektonisch, grafisch, aber auch narrativ trotz ihrer Komplexität für Menschen mit vielfältigsten Bedarfen zugänglich ist. Konnte das Haus für die Überarbeitung vieler inhalt-licher Standards auf eine umfangreiche Expertise und ein großes Netzwerk zurückgreifen, so brauchte es für die inklusiven Maßnahmen neue Beteiligungs-formate, die durch die Fokusgruppe der *Expert*innen in eigener Sache* ge-schaffen wurden.[9] Diese Expert*innen waren nicht nur Vertreter*innen von Verbänden und Menschen mit Behinderung, sondern berieten das Ausstel-lungsteam – unabhängig von ihrer Einschränkung – auch über inklusive Maß-nahmen hinaus aus der Perspektive durchschnittlicher Nicht-Besucher*innen zu der Ausstellung und ihren rahmenden Zusatzangeboten wie der Webseite, zukünftigen pädagogischen Formaten und dem Personalservice.[10]

---

7   Stichtag 31. 12. 2019. Siehe Statistisches Bundesamt (Destatis) EVAS-Nr. 22711.

8   www.schwerhoerigen-netz.de/statistiken.

9   Siehe den Beitrag von Hilke Groenewold und Christiane Schrübbers und das Gespräch mit der Fokusgruppe.

10 Siehe den Beitrag von David Zolldan: Teilhabe inklusive?

Aus der Besucherstatistik der letzten Jahre leitete sich eine weitere Prämisse ab. Die Ausstellung sollte trotz der kleinteiligen Räume mehrere Startpunkte für Gruppen bieten und nicht allein aus der oft dominierenden Perspektive der Vermittlung gegenüber Einzelbesucher*innen konzipiert werden. Zudem war unmittelbar nach ihrer Eröffnung in den 1990er-Jahren eines der Alleinstellungsmerkmale der GHWK die Zielgruppe der Erwachsenen. Ziel der Bildungsarbeit seit der Eröffnung 1992 war und ist es, möglichst vielen Erwachsenen ein Angebot zu schaffen, sich mit der Geschichte ihrer Berufsgruppe im Kontext der Shoah auseinanderzusetzen und Rückschlüsse für die Gegenwart zu diskutieren. So hat die 1992 initiierte Kooperation mit der Gewerkschaft Öffentliche Dienste, Transport und Verkehr (ÖTV, heute ver.di), die in unmittelbarer Nähe eine Begegnungsstätte unterhält, vorrangig Berufs-gruppen im Blick, deren Tätigkeit auf kommunaler Ebene in der NS-Zeit sehr eng mit der Verfolgung verbunden war, wie beispielsweise Mitarbeiter*innen der Kommunal- und Finanzverwaltung, sowie Beschäftigte aus dem Gesund-heitssektor. Im Laufe der Jahre erweiterte sich das Spektrum der interes-sierten Berufsgruppen, sodass schließlich auch Angehörige der unterschied-lichen Bundesministerien für Fortbildungen gewonnen werden konnten. Sehr oft werden als Zielgruppe der historisch-politischen Bildung Jugendliche als hauptsächliche Adressat*innen genannt. Die Zielgruppe der Erwachsenen ist für das Haus der Wannsee-Konferenz jedoch insofern von großer Bedeutung, als gerade im Hinblick auf die politische Entwicklung der letzten Jahre, die die Fragilität unseres demokratischen Selbstverständnisses deutlich gemacht hat, Vertreter*innen der ›Funktionseliten an den Schalthebeln der Exekutive‹, d. h. staatlicher Institutionen wie Polizei, Justiz und Verwaltung, für ihre beson-dere Verantwortung sensibilisiert werden sollen. Dieser Aspekt prägte auch die Erarbeitung der neuen Dauerausstellung, die weiterhin auch für akademisch vorgebildete Erwachsene interessant und bereichernd bleiben sollte, indem sie Täterschaft und Tatkomplexe thematisiert und eine Grundlage schafft für die vertiefende berufsgruppenspezifische Bildungsarbeit des Hauses.

Inhaltliche Standards der neuen Dauerausstellung

Neben der mit den beiden Prämissen Inklusion und Besucherorientierung einhergehenden grundlegenden Fragestellung, was Besucher*innen im Haus der Wannsee-Konferenz lernen *wollen*, stellt sich an historisch-politischen Bildungsorten ungleich stärker zusätzlich die Frage, was die Besucher*innen mitnehmen *sollen*. Basierend auf den skizzierten Erfahrungen mit den beiden vorangegangenen Dauerausstellungen nannte die Projektleitung daher inhaltliche Prämissen und gedenkstättenpädagogische Standards, die bei der Erarbeitung zu berücksichtigen seien: [11]

1.   Angesichts der seit 1992 erheblich ausdifferenzierteren Erinnerungslandschaft in Berlin sollte die neue Ausstellung einen im Vergleich zu ihren vorherigen Präsentationen deutlicheren Fokus auf die Wannsee-Konferenz und die an der Konferenz beteiligten Institutionen und Personen legen. Andere Aspekte der Geschichte des Holocaust werden in der vielschichtigen Berliner Gedenkstättenlandschaft insbesondere am ›Ort der Information‹ des Denkmals für die ermordeten Juden Europas im Stadtzentrum thematisiert. Darüber hinaus sollte sich den Besucher*innen, wenn sie den Raum erreichen, in dem mit hoher Wahrscheinlichkeit die Besprechung am 20. Januar 1942 stattfand, erschließen, warum die beteiligten Institutionen dazu geladen bzw. wie diese bereits zuvor an der Verfolgung beteiligt gewesen waren.

2.   Das mit der vor 2020 gezeigten zweiten Dauerausstellung verfolgte Ziel, über Biografien von aus unterschiedlichen Ländern stammenden Jüdinnen und Juden die europäische Dimension der Verbrechen zu vermitteln, wurde nicht erreicht. Deswegen bestand eine weitere Prämisse für die Neuerarbeitung darin, den Besucher*innen zu verdeutlichen, dass die hier dargestellte Geschichte weit über die Grenzen Deutschlands hinausgeht.

---

[11]   Siehe die Beiträge von Elke Gryglewski sowie von Babette Quinkert/Katharina Zeiher und Gerd Kühling/Tillman Müller-Kuckelberg.

3. Schließlich sollte die neue Ausstellung <u>personelle und strukturelle Kontinuitätslinien</u> nach 1945 thematisieren und dadurch die Besucher*innen für die weitreichenden Folgen des Nationalsozialismus und der Verbrechen sensibilisieren, was bis dahin wesentlich im Rahmen von Bildungsangeboten thematisiert worden war.[12]

4. Texte und Auswahl der Exponate sollten dazu eine <u>Sensibilität für Gender- und Migrations-Repräsentationen</u> spiegeln. Bei der Darstellung von Betroffenenschicksalen konnte Geschlechterparität hergestellt werden, indem bei der Suche nach Verfolgtenbiografien auch das Geschlecht als Auswahlkriterium berücksichtigt wurde. Eine Reflexion meist tabuisierter geschlechterspezifischer Gewaltanwendungen wird jedoch nicht eingelöst, und auch die Repräsentation von Täterinnen hatte längere Diskussionsprozesse zur Folge.[13] An der Wannsee-Konferenz hatten – wie in der männerdominierten NS-Verwaltung nicht anders zu erwarten – 15 hochrangige männliche Vertreter teilgenommen. Mutmaßlich nahm zudem mindestens eine weibliche Stenotypistin teil. Trotz des Bewusstseins für die Notwendigkeit der Beschäftigung mit dieser Ebene des Verwaltungshandelns wird Ingeburg Werlemann nicht im Organigramm zu den Besprechungsteilnehmern thematisiert. Die analog zur Kontextualisierung der 15 Besprechungsteilnehmer sonst notwendige Abbildung der über ihr angesiedelten behördlichen Struktur hätte die Rezeptionszeit der dargestellten hierarchischen Verwaltungsverästelung ungemein verkompliziert. Eine Beschäftigung mit Eichmanns Sekretärin ist nunmehr über die Medienstation und über sogenannte Flextafeln in der Ausstellung möglich.[14]

---

12 Die zweite Dauerausstellung endete mit Zitaten von Überlebenden sowie Kindern und Kindeskindern von Überlebenden als auch Täter*innen. Diese thematisierten eine Bandbreite von Folgen des NS und seiner Verbrechen, konnten jedoch mehrheitlich nur von Besucher*innen als solche erkannt werden, die mit Vorwissen die Gedenkstätte aufsuchten.

13 Siehe Kathrin Kompisch, Täterinnen. Frauen im Nationalsozialismus, Köln 2008.

14 Marcus Gryglewski, NS-Täterin auf der Wannseekonferenz: Eichmanns Sekretärin. 15 Männer besprachen auf der Wannsee-Konferenz 1942 die »Endlösung«. Jetzt gerät eine Frau in den Fokus: die Stenografin Ingeburg Werlemann, in: taz.de vom 17. Januar 2020, https://taz.de/NS-Taeterin-auf-der-Wannseekonferenz/!5654203.

5. Die Einschätzung, wie im Konkreten <u>multiperspektivisch</u> erzählt wird, blieb im Projektteam eine dauerhafte Kontroverse und wird die Arbeit der Gedenkstätte weiter begleiten.

6. Auch die langjährige Diskussion, ob und in welcher Form <u>Gegenwarts-bezüge in historischen Ausstellungen</u> angemessen und sinnvoll sind, wird eine bleibende Herausforderung für Gedenkstätten sein. Denn obwohl die neue Ausstellung den Besucher*innen ermöglichen sollte, Bezüge zur Gegenwart herzustellen, stellte sich eine nach langen Diskussionen entwickelte Hands-On-Station als nicht tragfähig heraus.

Der Prozess

Unterstützt durch eine Architektin und eine Museumspädagogin, beide Expertinnen in den Feldern Inklusion und Barrierefreiheit, formulierten wir 2016 einen Antrag auf Finanzierung des Projekts bei der Stiftung Deutsche Klassenlotterie Berlin und der Beauftragten der Bundesregierung für Kultur und Medien. Das mit knapp zwei Millionen Euro ausgestattete Projekt umfasste zu Beginn bewusst noch kein Grobkonzept mit inhaltlichen Umrissen abseits der zuvor genannten Standards. Vielmehr sollte bereits während der konzeptionellen Phase möglichst inklusiv gearbeitet werden. Die Ausarbeitungsphase begann im 1. Halbjahr 2017 mit der Bildung und Einarbeitung des Kurator*innen-Teams, den Expertinnen für Barrierefreiheit und der Fokusgruppe der *Expert*innen in eigener Sache* (EieS). Auch die festen und freien Mitarbeitenden der Bildungsabteilung diskutierten und kommentierten das Ausstellungskonzept in seinen unterschiedlichen Phasen. Zusätzlich begleitete eine Delegation des wissenschaftlichen Beirats die Arbeit frühzeitig.

Ebenfalls im Jahr 2017 begannen die Abstimmungen mit den relevanten Behörden: Mit der Unteren Denkmalbehörde mussten alle Maßnahmen abgestimmt werden, die Modifizierungen am Gebäude oder Außengelände bedeuteten. Mit der Berliner Immobilienmanagement GmbH (BIM) mussten Bauvorhaben und sämtliche Brandschutz- und Sicherheitsfragen des Gebäudes abgesprochen, mit den Zuwendungsgebern die grundsätzlichen Entscheidungen gefällt werden.

Im 1. Halbjahr 2018 wählten wir in einem Wettbewerb das Gestaltungs-
büro Franke | Steinert aus. Es folgte die Koordination für den Abbau der alten
Ausstellung, für die aufwendige Restaurierung weiterer Parkettflächen im
Ausstellungsbereich, die Maler- und Bodenarbeiten, die Wandbespannungen,
die Elektroertüchtigung, die Beleuchtung, das Bodenleitsystem, die Medienbe-
schaffung und Mediengestaltung, den Möbelbau, den Druck, die Webseite, die
taktilen Elemente, die Herstellung der Faksimiles, den Audio- und Mediaguide …

Die teils divergierenden Interessenlagen und Bedürfnisse waren für sich
genommen nachvollziehbar und hilfreich. Im Gesamtkontext betrachtet, gab
es jedoch vielfach Situationen, in denen Einzelinteressen einer Akteursgruppe
nicht kompatibel mit denen einer anderen Gruppe waren. Regelmäßig musste
die Frage diskutiert werden, welche Bedürfnisse prioritär zu behandeln sind.
Pragmatische Kompromisse der Projektleitung waren in einigen Fällen nötig.
Komplex gestalteten sich beispielsweise die Planungen mit der das Haus für
das Land Berlin verwaltenden Berlin Immobilienmanagement GmbH, deren
Arbeitsprozesse auf langfristiger Bekanntgabe beruhen, sodass Bedarfe regelmäßig mehrere Jahre im Vorfeld anzumelden sind. Einige Bedarfe des Pilot-
projekts ließen sich jedoch nicht am Reißbrett planen, andere entstanden im
Rahmen des iterativen Beteiligungsprozesses mit seiner Fokusgruppe und im
Wechselspiel mit der teils viele Jahrzehnte alten Infrastruktur erst im Prozessverlauf. So war in den letzten Jahrzehnten nie ein Brandschutzkonzept für
die Gedenk- und Bildungsstätte erarbeitet worden. Ebenso fehlte ein Plan der
Elektrik im Gebäude. Durch die Kreativität des Gestaltungsbüros, pragmatische Verabredungen zwischen BIM und Projektleitung und die grundsätzlich
positive Haltung der Unteren Denkmalschutzbehörde zu Fragen der Barrierefreiheit konnten letztlich viele Probleme gelöst werden. Gleichwohl stellten
die sich oft gegenseitig widersprechenden Anforderungen unterschiedlicher
Entscheidungsträger im Verlauf des Prozesses regelmäßig hohe Ansprüche an
die Projektbeteiligten und den Glauben, das Projekt fristgerecht fertigstellen zu
können.

Oft wäre es zielführender gewesen, hätten alle Akteure eines solchen Vor-
habens die eigenen Bedürfnisse noch stärker in Beziehung zu den Anforderungen anderer Beteiligter gesetzt. Dass dies grundsätzlich möglich ist, zeigte die
Fokusgruppe, die bereits nach kurzer Zusammenarbeit nicht nur eigene

Bedürfnisse im Blick hatte, sondern sachverständig immer wieder auf mögliche Kollisionen ihrer Interessen mit denen einer anderen Bedarfsgruppe hinwies.

Unsere Ausstellung ist dem Zeitplan entsprechend fertiggestellt worden. Die große Mehrheit unserer Besucher*innen zeigt sich vom Ergebnis beeindruckt. Im Bewusstsein, dass Ausstellungen aber immer nur Produkte ihrer Zeit, der Prämissen des Ausstellungsteams und der an einigen Stellen zu findenden Kompromisse sind, freuen wir uns über eine konstruktive Diskussion und mögliche Weiterentwicklungen. Am Ende jedes Beitrags sind Empfehlungen aufgeführt, die wir anderen Einrichtungen mit auf den Weg geben möchten. Wenn unsere Erfahrungen ihnen helfen, notwendige Schritte von Beginn an mitzudenken und zu planen, die bei uns erst im Verlauf der Erarbeitung sichtbar geworden sind, haben wir unser Ziel erreicht.

——

Empfehlungen

- Frühzeitige Einbindung wichtiger Akteure (BIM, Denkmalschutz)

- Vermeidung verzweigter Unterbeauftragungen, welche die Qualitätskontrolle erschweren

- Entscheidungsgefüge und -hoheit frühzeitig transparent machen

- Einstellungskriterien/nötige Fähigkeiten: Bereitschaft zur oder Erfahrung mit transparenter Arbeit auf Augenhöhe, iterativen Prozessen, der Infragestellung eigener Entscheidungsautorität, Fehlertoleranz und Experimentierfreudigkeit

- Iterative Prozesse mit flachen Hierarchien und unkonventionellem Entscheidungsgefüge als Motor, aber auch Hemmung begreifen

- Anzahl der Teilzeitstellen in Relation zum Ausstellungsumfang möglichst begrenzen

Iris Berben beim Einsprechen der biografischen Berichte
für die Dauerausstellung im Tonstudio Brod, 23. 9. 2019
Foto: GHWK

»Mein Zugang zum Nationalsozialismus und der Shoah ist von zwei Aspekten geprägt: Der Zeit des mehrheitlichen Schweigens während meiner Jugend und der Überzeugung, dass diese Geschichte Teil unserer Identität ist. Deswegen habe ich mich gerne am Projekt einer Ausstellung im Design für Alle im Haus der Wannsee-Konferenz beteiligt. Es ist wichtig, dass wir über die Vergangenheit sprechen und uns vergegenwärtigen, dass sie Teil von uns ist.« **Iris Berben**

Elke Gryglewski

PÄDAGOGISCHE STANDARDS UND KURATORISCHE REGELN

Zur Synthese grundlegender Parameter der neuen Dauerausstellung

Am 19. Januar 2020 wurde die dritte Dauerausstellung in der Gedenk- und Bildungsstätte Haus der Wannsee-Konferenz (GHWK) in einem Design für Alle eröffnet. Die bisherigen Rückmeldungen sind mehrheitlich ausgesprochen positiv. Die Textreduktion wird dabei ebenso gelobt wie die stärkere Fokussierung auf die Besprechung am 20. Januar 1942 oder die moderne und ansprechende Gestaltung der gesamten Ausstellung.

Die GHWK ist eine der wenigen sogenannten großen Gedenkstätten,[1] die über keine getrennten Forschungs- und Bildungsabteilungen verfügen bzw. bei denen diese immer miteinander verwoben waren. Seit der Gründung 1992 war es der Bildungsbereich, der für seine Seminare mit den unterschiedlichsten Partner*innen und Zielgruppen die dafür benötigten Quellen in den Archiven recherchierte und für die Vermittlung aufbereitete. Forschung war immer mit Bildung verknüpft und wurde vor allem mit dem Ziel betrieben, einen relevanten Beitrag zur Auseinandersetzung mit dem Nationalsozialismus zu leisten. Vor diesem Hintergrund überrascht nicht, dass sich die inhaltliche Positionierung der Gedenkstätte national und international aus der Bildungsarbeit ableitet und definiert und die Abteilung sich bei zentralen Fragen zu Standards

---

1 »Groß« meint hier insbesondere den internationalen Bekanntheitsgrad einschließlich der Besucher*innen aus dem Ausland. Große Gedenkstätten verfügen darüber hinaus über gesonderte Bildungsabteilungen, die sich vollständig Fragen der Vermittlung widmen können. Viele wichtige regionale und lokale Gedenkstätten arbeiten demgegenüber mit einem geringen Personalstamm, bei dem die unterschiedlichen Aufgaben von Verwaltung bis zu Vermittlung von ein und derselben Person geleistet werden.

der Gedenkstättenpädagogik auch in den Prozess der Erarbeitung der neuen Dauerausstellung einbrachte.

Im Sinne einer kritisch-reflexiven Arbeit will dieser Beitrag Fragen und Herausforderungen thematisieren, die sich im Verlauf der Erarbeitung der neuen Dauerausstellung stellten und unsere Tätigkeit weiterhin begleiten werden. Denn vielfach trafen unterschiedliche Erfahrungshorizonte und Zielsetzungen aus kuratorischer und pädagogischer Sicht aufeinander, und die daraus resultierenden inhaltlichen Kontroversen beschäftigen viele Kolleg*innen in der deutschen und internationalen Gedenkstättenlandschaft. Sie hier vorzustellen, soll einen Beitrag zu laufenden Diskussionen leisten. Es geht nicht um richtig oder falsch, sondern um das Aufzeigen von Herausforderungen, unterschiedlichen Haltungen und der Beschreibung, welche Entscheidungen wir getroffen haben.

Historische Schwerpunktsetzung des Ausstellungsnarratives

Worauf soll der Schwerpunkt einer Ausstellung gelegt werden, die mit dem Anspruch erarbeitet wird, für das Publikum die Kernthemen des Hauses rezipierbar zu machen und dabei deutlich weniger Inhalt anzubieten? Diese Frage stellte die erste große Herausforderung bei der Erarbeitung des Ausstellungsnarratives dar. Während aus kuratorischer Sicht die sogenannte Wannsee-Konferenz für den systematischen Massenmord steht und dieser mitsamt seiner Nachkriegsgeschichte vertieft präsentiert werden sollte, ist aus pädagogischer Sicht der Weg hin zur Besprechung am 20. Januar 1942 der relevante zu erzählende Themenkomplex. Einerseits weil es dabei für die Besucher*innen einfacher ist, die Komplexität der Entscheidung zum systematischen Massenmord nachzuvollziehen und der vielfach mitgebrachten Vorstellung einer Besprechung mit Beschlusscharakter etwas entgegenzusetzen. Andererseits können durch die Thematisierung vorangegangener Verfolgungsmaßnahmen, wie dem Prozess der Ausgrenzung durch die Markierung als *Andere*, durch Enteignung, gewaltsame Verschleppung und Konzentration, angemessene Wertmaßstäbe (wieder) hergestellt werden. Angesichts des systematischen Massenmords drohen vorangegangene Maßnahmen zu verblassen, weniger »schlimm« zu sein. Bei Lernprozessen ist es wichtig zu verdeutlichen, dass schon die Verdrängung aus dem öffentlichen Leben nicht hinnehmbar sein dürfte. Hinzu kommt die wichtige Erkenntnis, wohin vermeintlich geringfügige politische Entscheidungen langfristig führen können. Gedenkstätten sind die Orte, an denen Besucher*innen sich fundiertes Wissen aneignen können, sodass aus Sicht der Bildungsabteilung das Verhältnis mindestens zwei Drittel Geschichte des NS und ein Drittel die Darstellung der Nachgeschichte ausmachen sollte. Der nach langen Erörterungen erreichte Kompromiss führte zu einem möglicherweise unüblichen Ausstellungsnarrativ, das ein Angebot für Einzelbesucher*innen und eines für betreute Gruppen enthält. Während Einzelgäste in der Regel den mit Raum 0 beginnenden chronologischen Rundgang für ihren Besuch wählen, starten die Führungen für Gruppen vielfach im zweiten Teil der Ausstellung und arbeiten mit sogenannten Flextafeln in Raum 6, um ausführlich die Stufen der Verfolgung von 1933 bis 1939 zu besprechen.

Umgang mit Objekten

Zahlreiche Besucher*innen fragen nach dem Mobiliar des Gästehauses, manche wünschen sich eine Rekonstruktion der Besprechungssituation. Dieser Forderung entgegnen wir regelmäßig, dass die Besprechungssituation nicht bekannt ist, die wenigen verbliebenen Möbel des Gästehauses vermutlich nach dem Krieg entwendet wurden und eine kritisch-reflexive historische Bildung offensiv mit dieser Leere umgehen muss.[2] Zur Verfügung stehende Objekte sind das Gebäude selbst und das Ergebnisprotokoll der Besprechung. Die Ambivalenz der Einbettung dieser Objekte in die Verfolgungsgeschichte der Jüdinnen und Juden Europas, die weitab vom idyllischen Wannsee umgesetzt wurde, gehört zum pädagogischen Alltag der Mitarbeiter*innen und hat im Verlauf der Jahre zu dem – oft unausgesprochenen – Konsens geführt, in den Ausstellungen keine dreidimensionalen Objekte zu präsentieren.

Angesichts der an sie gerichteten Erwartung, die Verflechtung der unterschiedlichen an der Verfolgung beteiligten Institutionen niedrigschwellig darzustellen, wurde eine Installation mit Gegenständen vorgeschlagen, die die unterschiedlichen Tatkomplexe repräsentieren sollten. Angedacht waren u. a. ein Aktenstapel und eine Schreibmaschine als Symbole für die Verwaltung,

---

2 Siehe den Beitrag von Gerd Kühling und Tillman Müller-Kuckelberg.

eine Polizeikelle und eine Pistole für die Polizei. Diese Überlegung wurde verworfen, da zu befürchten war, dass die Besucher*innen in ihren Projektionen die Gegenstände mit dem Haus in Verbindung bringen würden, also beispielsweise imaginieren würden, dass die Pistole vor Ort genutzt wurde und es sich bei der Schreibmaschine um diejenige handelt, auf der das Protokoll verfasst wurde. Es ist immer wieder überraschend zu erleben, welche Bilder die Gäste auf den Ort projizieren.[3] Als Objekte finden sich in der neuen Ausstellung zum einen Bücher und zum anderen faksimilierte Dokumente.

Bei den präsentierten Büchern handelt es sich, bis auf die im Raum zur Geschichte des Hauses, um NS-Literatur. Dies führt im Hinblick auf die Frage der Multiperspektivität zu einer besonderen Herausforderung. Die grafisch detailliert gestalteten »Rückführungen« Deutschstämmiger aus dem Osten im Lexikon von Konrad Meyer zieht ebenso die Aufmerksamkeit auf sich wie die grafische Erklärung der Nürnberger Rassengesetze in Max Eichlers »Du bist sofort im Bilde«.

Damit wird den Besucher*innen angeboten, vertieft in die Perspektive und Logik der Täter einzusteigen – was an diesem spezifischen Ort sinnvoll ist. Erst das punktuelle Sich-Einlassen auf die Denkweise der Täter und Mitläufer ermöglicht zu

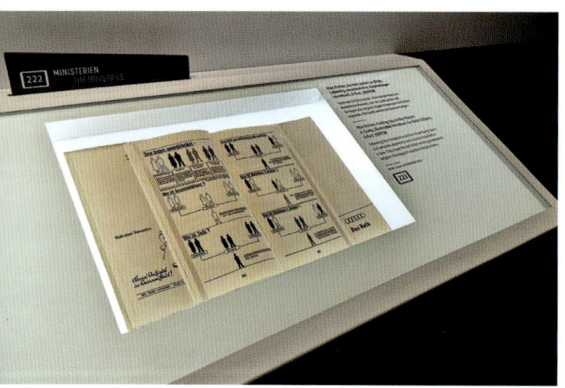

Buch »Du bist sofort im Bilde«, *Foto: GHWK*

---

3   Das absurdeste Beispiel stammt von einem Gast, der meinte, im Kamin im Eingangsbereich seien die ermordeten Jüdinnen und Juden verbrannt worden. Dass Besucher*innen viele mitgebrachte Bilder auf die historischen Orte übertragen, hat Sigrid Müller bereits 1996 mit ihrer Studie in der Gedenkstätte Sachsenhausen belegt. Siehe Sigrid Müller, Besucher/innenforschung in Gedenkstätten – Ein Pilotprojekt in der Gedenkstätte Sachsenhausen, in: GedenkstättenRundbrief 74 (2009) 3, S. 3–9, www.gedenkstaettenforum.de/uploads/media/GedenkstaetenRundbrief74-03-09.pdf.

4   Behandelt man die Verbrechen als unerklärbar, stützen wir gleichzeitig das Narrativ »1933 kamen fremde Wesen von einem fremden Stern, die 1945 wieder verschwanden«; ein Narrativ, das suggeriert, es gäbe keine Bezüge zwischen Geschichte und Gegenwart.

begreifen, dass deren Handeln nicht *unerklärbar* ist.[4] Gleichzeitig diskutieren wir seit Jahren, an welchem Punkt und wie unsere Adressat*innen wieder aus der Logik entlassen werden können bzw. wie diese Logik gebrochen werden kann und muss. Reichen dazu die präsentierten Fotos von Erschießungen der polnischen Zivilbevölkerung in Leszno und die Schilderungen einer Jüdin aus Włocławek?

Bei der zweiten Kategorie präsentierter Objekte handelt es sich um Dokumente, die durch die hervorragende Qualität der Faksimiles und die Art der Präsentation eine eigenständige Aura entwickeln können. Dies wird insbesondere bei Quellen deutlich, die durch ihre Gestaltung oder die Autorenschaft eine besondere Wirkung entfalten. So wirkt der Kommentar zu den Nürnberger Rassengesetzen eher unscheinbar und wird neben dem o. g. ausgestellten Buch oft nicht wahrgenommen. Ein Schmuckblatt von 1940 mit der sogenannten Prophezeiung Hitlers hingegen entfaltet durch seine Beleuchtung eine besondere Anziehungskraft, sodass wir uns fragen müssen, ob wir damit nicht eine von vielen Gästen geteilte »Hitlerisierung« verstärken. Dies ist kontraproduktiv angesichts des Bemühens, den Besucher*innen zu verdeutlichen, dass das System des Massenmords nicht ohne die bereitwillige Beteiligung aller sonst in der Ausstellung vorgestellten Berufsgruppen, Institutionen und weiter Teile der Gesellschaft möglich gewesen wäre.

Multiperspektivität

Das Dilemma, zwischen der Notwendigkeit, durch fokussierte Präsentation zur Auseinandersetzung mit der Täterperspektive anzuregen, und dem Anspruch, Geschichte multiperspektivisch zu erzählen,[5] begleitete die Entwicklung der neuen Ausstellung kontinuierlich. Genügen 13 biografische Annäherungen durch Audiostationen, um an einem sogenannten Täterort die Perspektive der Verfolgten hinreichend einzubringen? Oder reduzieren die zu hörenden Berichte die Verfolgten zu Statisten, die »lediglich« die von den Täter*innen erdachten,

---

5   Siehe u. a. Christian Geißler, Inklusive Gedenkstättenpädagogik. Heterogenität und Diskriminierung als Kategorien für die Reflexion und Konzeption pädagogischen Handelns, in: Barbara Thimm/Gottfried Kößler/Susanne Ulrich (Hrsg.), Verunsichernde Orte. Selbstverständnis und Weiterbildung in der Gedenkstättenpädagogik, Frankfurt a. M. 2010, S. 70–75.

organisierten und durchgeführten Verbrechen erleiden? Demgegenüber wünschten sich andere Kolleg*innen mehr Beispiele wie die Erzählung zum sogenannten Aprilboykott, bei dem Richard Stern als jüdischer Eigentümer eines Geschäfts, das von den Terrormaßnahmen der SA betroffen war, eine aktive Rolle des Protests einnimmt. Hätte man beispielsweise an der einen oder anderen Stelle ein Faksimile von Victor Klemperers Tagebuchaufzeichnung zu dem spezifischen Ereignis ergänzen sollen? Dass uns diese Diskussion auch nach der Eröffnung begleitet, zeigt sich in der nach der Eröffnung getroffenen Entscheidung, einen Screen zum Thema Beweissicherung mit illegal ange-fertigten Fotos des Sonderkommandos in Auschwitz-Birkenau und des Oneg-Shabbat-Archivs zu ergänzen.[6]

Darstellung von Gewalt

Ähnlich komplex ist die Diskussion um die Frage von Gewaltdarstellungen in der Ausstellung. Gerhard Schoenberner wählte als erster Direktor der Gedenk-stätte für seine Präsentation großformatige Schwarz-Weiß-Fotografien von Massenerschießungen, nackten Frauen und Männern vor der Erschießung, sexueller Gewalt gegen Frauen und medizinischen Experimenten, um damit die Besucher*innen für ein »Nie wieder« zu sensibilisieren. Alle Fotos wurden nach seinem Bedarf geschnitten, teilweise vergrößert und entsprechend inszeniert.[7] Die Erfahrungen im Haus und in anderen Gedenkstätten zeigten jedoch, dass Gewaltdarstellungen nicht geeignet sind, Empathie beim Publi-kum hervorzurufen. Jugendliche reagierten verunsichert, was sich in Kichern äußern kann, Erwachsene waren oft emotional überwältigt oder betroffen, dass diese – die Opfer immer wieder aufs Neue durch die Blicke der Gäste entwürdigenden – Fotos überhaupt ausgestellt wurden.[8] Und so wurde in der zweiten Dauerausstellung gänzlich auf diese expliziten Darstellungen von Brutalität verzichtet. Gewählt wurden Abbildungen, die in ihrer Subtilität sehr berühren konnten.

Frauen und Kinder vor
ihrer Erschießung,
Swiahel, Westukraine 1941.

Auf der Ausstellungstafel gab es den Hinweis, es handele sich um ein von einem Wehrmachtssoldaten aufgenommenes Foto, der nach dem Krieg folgende Notiz auf der Rückseite ergänzte: »Sie warten auf ihren Tod. Jüdische, polnische u. ukrainische Frauen u. Kinder (vom Säugling bis zur Greisin) sind in einem Gewächshaus eingesperrt, weil die ausgeworfenen Gruben für die vielen Erschießungen nicht ausreichten. Sie kamen am andern Tag dran.«
Foto: Privat

---

6   Im Rahmen einer Diskussion mit dem wissenschaftlichen Beirat hieß es hierzu, diese Fotos würden den Besucher*innen zwangsläufig verdeutlichen, wie schwierig oder gar unmöglich es den Opfern war, die Geschehnisse zu dokumentieren. Schließlich würden die Betroffenen dadurch als wichtige Akteur*innen gezeigt.

7   Aus drei Fotos der Selektionen in Auschwitz-Birkenau montierte er ein »Triptychon«, das in der Tat zahlreiche Besucher*innen stark emotional berührte. Links hing ein großformatiges Foto einer alten Frau, rechts das von einem alten Mann und in der Mitte Frauen und Kinder. Alle blicken in die Kamera.

8   Siehe u. a. Hans Ulrich Treichel, Am Großen Wannsee, in: ders., Heimatkunde oder alles ist heiter und edel. Besichtigungen, Frankfurt a. M. 2000, S. 87–93.

Allerdings genügten schnelle, oberflächliche Besichtigungen der Ausstellung nicht, um diese Quellen wahrnehmen zu können. Und so galt für viele Besucher*innen: Angesichts der über die sozialen Medien und das Fernsehen konsumierbaren Fotos und Filme gegenwärtiger Gewalttaten scheint die NS-Vergangenheit im Vergleich weniger bildgewaltig und damit weniger schlimm. So bestand Einigkeit im Team, dass die neue Ausstellung nicht auf Gewaltdarstellungen würde verzichten können. Wo aber sind die Grenzen dessen, was man als Beweis braucht, zu der (erneuten) Verletzung der Würde der Betroffenen?[9] Werden die Verfolgten in ihrer Würde eher verletzt, wenn wir mit Fotos dokumentieren, die sie nach der Erschießung auf dem Boden liegend zeigen? Oder eher, wenn wir ein anderes Foto aus der gleichen Serie nehmen, auf dem sie mit erhobenen Händen zur Erschießung gebracht werden, also eines, das die Gewalt subtiler präsentiert?

Es waren schwierige Diskussionen, die verdeutlichten, dass die Wahrnehmung eines Gewaltverbrechens im Nationalsozialismus – und vermutlich auch aus anderen Kontexten – individuell und nicht verallgemeinerbar ist.

Auch in dieser Situation war der Blick des wissenschaftlichen Beirats ein wichtiges Korrektiv. Beiratsmitglieder, deren Familienangehörige zu den Verfolgten und Ermordeten gehört hatten, baten noch vor Ausstellungseröffnung, drei Fotos aus Screens zu entfernen.

Umgang mit antisemitischen und rassistischen Abbildungen

Sollen antisemitische Abbildungen und solche, die andere Gruppen als Jüdinnen und Juden abwerten, in Ausstellungen zum NS präsentiert werden oder bringen wir damit manchen unserer Gäste spezifische antisemitische oder rassistische Bilder erst bei bzw. verstärken bereits vorhandene Ressentiments? Eine weitere Frage, zu der es in der Gedenkstättenlandschaft unterschiedlich strenge Haltungen und Antworten gibt. Manche Einrichtung verzichtet konsequent auf antisemitische und/oder rassistische Karikaturen und Abbildungen.

---

9   Würde versus Beweis?, in: Thimm/Kößler/Ulrich (Hrsg.), Verunsichernde Orte, S. 163–166, hier S. 163.

Unsere Entscheidung sah vor, auf besonders gewalttätige oder sexualisierte Karikaturen zu verzichten, was nicht konsequent durchgehalten werden konnte, da sonst eine grundsätzliche Entscheidung, die Station wegzulassen, hätte erfolgen müssen. Dass zur Eröffnung der Ausstellung bleibend Nachbesserungsbedarf bestand, zeigte sich mit der Begehung und Wahrnehmung der Gestaltung in ihrer Gesamtheit. Der Screen »Warum werden Jüdinnen und Juden besonders angefeindet?« zeigt eine Serie von Abbildungen antisemitischer Verschwörungsmythen seit dem frühen Mittelalter und belegt damit das Bestehen jahrhundertealter antijüdischer Vorurteile. Da sie jedoch nicht erklärt, warum diese entstanden bzw. dass die Gesellschaften sie bereitwillig glaubten, musste ein Text formuliert und den Abbildungen vorangestellt werden.

Was können wir aus der Geschichte lernen?

Eine zentrale Lektion erfuhren wir in Zusammenhang mit den Hands-On-Stationen. Mit der neuen Ausstellung sollen die Besucher*innen befähigt werden, Geschichte und die Quellen, mit denen sie erzählt wird, zu dekonstruieren. Während die beiden Stationen zum Umgang mit historischen Fotos und Dokumenten schnell und ohne Kontroversen umgesetzt werden konnten, beschäftigte uns die dritte Station über Monate.

Seit Jahren wird u. a. im Bundesweiten Arbeitskreis Gedenkstättenpädagogik diskutiert, ob und wie sinnvoll Analogien, Parallelitäten und Vergleiche zwischen Ereignissen aus der NS-Zeit und der Gegenwart gezogen werden können. Im Förderantrag hatten wir formuliert, dass die Ausstellung Anlässe zur Reflexion aktueller Ereignisse liefern soll. Diese Aufgabe sollte die dritte Station erfüllen.

Vorgeschlagen wurde zunächst die Präsentation heutiger Szenen von Diskriminierung, Gewalt- oder Mobbingerfahrungen – beispielsweise in der U-Bahn – mit der anschließenden Frage an die Besucher*innen, wie sie sich in der Situation verhalten würden. Da wir befürchteten, auf der Meta-Ebene den Eindruck zu vermitteln, eine Mobbingsituation sei identisch mit der Diskriminierung und Entrechtung von Jüdinnen und Juden in Zeiten einer Diktatur, und so den Unterschied von individuell-situativem zu staatlich-organisiertem Handeln zu verwischen, wurde diese Idee verworfen. Einzig vergleichbar schien die Motivation von Zuschauer*innen und Profiteur*innen im Kontext von Ausgrenzung und Enteignung. In mehreren Zwischenschritten formulierten wir explizit und implizit Unterschiede der historischen und gegenwärtigen Zusammenhänge. Wir flogen nach Israel und diskutierten u. a. diese Station mit Kolleg*innen und Lehrkräften. Dass alles Theorie sein sollte, zeigte sich schnell – in der Station waren die Abgrenzungen nicht wahrnehmbar. Es schien, als ob Geschichte und Gegenwart gleichgesetzt würden, was zu entsprechenden Reaktionen bei den ersten Gästen führte.

Kolleg*innen anderer Gedenkstätten wiesen darauf hin, dass es möglicherweise sinnvoll gewesen wäre, die Ausgrenzung von 1945 bis in die Gegenwart zu führen und damit bei den Besucher*innen ein Bewusstsein für die Kontinuitätslinien von Diskriminierung zu schaffen. Ich weiß es nicht. Auf jeden Fall zeigte sich hier, wie schwierig es ist, genau zu definieren, was aus der Geschichte gelernt werden kann. Und dass Besucher*innen von historischen Ausstellungen zum Nationalsozialismus Raum benötigen, um sich mit der extrem gewalttätigen Verbrechensgeschichte auseinanderzusetzen. Wir vergessen oder verdrängen hin und wieder, dass es Zeit braucht zu verarbeiten, was man sieht. Die Reaktionen auf besagte Station zeigen möglicherweise auch, dass die Frage des Lernens aus Geschichte sinnvoll nur in räumlicher, also örtlicher und zeitlicher Distanz zur Auseinandersetzung mit der historischen Darstellung diskutiert werden kann. Damit bestärkte die Erfahrung mit dieser Station schließlich die Haltung, die die Bildungsarbeit der Gedenk- und Bildungsstätte in den letzten Jahrzehnten geprägt hat.

Die entstandene Ausstellung hat an vielen Stellen sinnvolle Kompromisse zu den genannten Herausforderungen gefunden, die uns auch in Zukunft weiter beschäftigen werden.

Die gewählte Gestaltung einschließlich der großzügig angelegten technischen Möglichkeiten bieten eine gute Grundlage für die Weiterentwicklung und gegebenenfalls Ergänzung/Veränderung von Inhalten. Deswegen freuen wir uns über den weiteren Austausch mit Kolleg*innen zu den aufgeworfenen Fragen.

———

Empfehlungen

- No-Gos im Vorfeld definieren

- Von Beginn an Zeit für Diskussionen und Abstimmungen zwischen Kurator*innen und anderen Abteilungen/Akteur*innen einplanen

- Entscheidungsstrukturen klären und transparent machen

- Institutionell ein Bewusstsein schaffen für die notwendige Berücksichtigung pädagogischer Standards bei kuratorischen Prozessen

- Etablierte Standards der Gedenkstättenpädagogik nicht als selbstverständlich ansehen, sondern kontinuierlich diskutieren

Boris Aljinovic beim Einsprechen der biografischen Berichte
für die Dauerausstellung im Tonstudio Brod, 15. 10. 2019
Foto: GHWK

» Es gibt heute sehr laute Stimmen der Ausgrenzung
und damit den populistischen Versuch, im
Zusammenleben kompromisslos erscheinen zu wollen.
Ich erlebte aber immer wieder, dass Zuhören, Lernen
und Helfen den Wunsch nach Stärke leichter erfüllten
und das obendrein auch friedlich. Daher sind mir
Projekte die zeigen, wohin Diskriminierung führen kann,
wichtig.« **Boris Aljinovic**

Babette Quinkert
Katharina Zeiher

KURATORISCHE HERAUSFORDERUNGEN

**»Die Besprechung am Wannsee und der Mord
an den europäischen Jüdinnen und Juden«**

Für die konzeptionelle Arbeit an der neuen Dauerausstellung im Haus der
Wannsee-Konferenz galt es angesichts des Anspruchs an Barrierefreiheit und
an ein »Design für Alle«, ein Narrativ zu entwerfen, das sowohl für Einzelbesucher*innen als auch für Teilnehmer*innen der pädagogischen Angebote
des Hauses möglichst voraussetzungsarm und nachvollziehbar ist. Wir
gingen dabei aus Sicht der Besucher*in von fünf Fragen aus: Wo bin ich hier?
Was ist hier geschehen? Warum ist das relevant? Was hat es mit mir zu tun?
Sowie: Was erwartet mich in der Ausstellung?

Die neue Dauerausstellung konzentriert sich inhaltlich auf die Besprechung
am Wannsee und ihre Einordnung in den Prozess der Ausgrenzung, Verfolgung
und Ermordung der europäischen Jüdinnen und Juden. Ein wichtiges Vermittlungsziel ist es, deutlich zu machen, dass zum Zeitpunkt der Besprechung im
Januar 1942 das massenhafte Morden bereits seit Monaten im Gange war. Die
fünfzehn Männer, die am Wannsee über das weitere Vorgehen berieten, waren
hochrangige Vertreter verschiedener Dienststellen, Behörden und Ministerien
des NS-Regimes, womit die Frage nach den Tatbeteiligungen von Einzelpersonen und Institutionen ins Zentrum rückt. Die Ausstellung zeigt, dass an den
antijüdischen Verfolgungs- und Mordpolitiken eine Vielzahl von deutschen,
aber auch europäischen Akteur*innen beteiligt war. Über die Berücksichtigung
der Nachkriegszeit werden zudem Fragen des Umgangs mit den Verbrechen
aufgeworfen und aktuellere Zugänge zur Thematik ermöglicht.

Ein neues Narrativ

Eine besondere kuratorische Herausforderung bestand darin, einerseits die Nachkriegsgeschichte zu berücksichtigen und es anderseits den pädagogischen Mitarbeiter*innen angesichts des oft sehr hohen Besucheraufkommens zu ermöglichen, Führungen zukünftig von ganz unterschiedlichen Punkten zu starten und deshalb in möglichst vielen Räumen mit Exponaten aus der NS-Zeit arbeiten zu können. Wir entschieden uns aus diesem Grund gegen einen chronologischen Rundgang und für eine an der Architektur des Hauses orientierte Kombination aus einem chronologisch-thematischen und einem vertiefenden Erzählstrang.

In der rechten Haushälfte, die vier Themenräume umfasst, wird nun ein kompakter Überblick über die Entwicklung der Verfolgungs- und Mordpolitik bis 1945 geboten. Von der Einladung ausgehend (Raum 1) wird die Vorgeschichte der Besprechung am Wannsee erzählt, unter Berücksichtigung politischer und ideologischer Entwicklungen vor 1933 (Raum 2). Nachdem die Besucher*innen sich mit der Besprechung selbst und dem dazu überlieferten Protokoll beschäftigt haben (Raum 3), folgt die Entwicklung bis zum Kriegsende 1945, wobei ein Ausblick auf die Situation der Überlebenden nach dem Krieg gegeben wird (Raum 4). Die Rolle der Institutionen bzw. Personen, die an der Besprechung am Wannsee teilnahmen, wird in diesem ersten Teil der Ausstellung integriert erzählt (zur Umsetzung siehe unten).

In der linken Haushälfte können Besucher*innen sich dann vertiefend mit Fragen der Tatbeteiligungen befassen. Ausgangspunkt der Erzählung ist hier die »Akte Endlösung«, in der nach dem Krieg das Protokoll der Besprechung am Wannsee gefunden wurde (Raum 5). In zwei großen Themenräumen wird dann zum einen die Rolle von Institutionen behandelt, wobei hier auch solche berücksichtigt werden, die auf der Besprechung nicht vertreten waren (Raum 6). Zum anderen wird nach der Beteiligung der Gesellschaft bzw. von Individuen gefragt (Raum 7). Beide Räume beleuchten auch, wie in der Nachkriegszeit mit Tatbeteiligungen umgegangen wurde. Solche historischen Längsschnitte bieten sich als Ausgangspunkt für Führungen an, die sich an bestimmte Berufsgruppen richten, etwa an Verwaltungsangestellte, Polizeibeamt*innen oder Bundeswehrangehörige. Abschließend können sich die Besucher*innen mit den Auseinandersetzungen um die Wannsee-Konferenz nach 1945 und den

Beispiel Zeitschichtenelement
Fabrikantenvilla,
Illustration: Franke | Steinert

Bemühungen um einen Erinnerungs-
ort vertraut machen (Raum 8), bevor
die Ausstellung mit einem Gegen-
wartsbezug endet (Raum 9).

Ausgehend von der Frage »Wo
bin ich?«, haben wir entschieden, die
Geschichte des Ortes nicht losgelöst,
sondern in die Ausstellung integriert
zu erzählen. Einen ersten Einstieg in
die wechselvolle Geschichte der Villa
am Wannsee bietet eine Wandgrafik
im Eingangsbereich, die eine Über-
sicht über die Nutzungsphasen des
Hauses gibt. Im Ausstellungsrundgang werden dann anhand exempla-
rischer Exponate diese Phasen
genauer vorgestellt: Sechs Kuben, die
sich farblich vom restlichen
Ausstellungsmobiliar unterscheiden,
behandeln die Entstehung des Gebäudes als Fabrikantenvilla und die späteren
Nutzungen als Gästehaus für Polizei und SS, Unterkunft der Alliierten, Bildungs-
institut und Schullandheim eines West-Berliner Arbeiterbezirks. Je ein Kubus
befasst sich zudem mit dem Speisesaal sowie dem Umfeld der Villa während
des Nationalsozialismus.

Beteiligungen darstellen

Einen Schwerpunkt des Ausstellungsnarrativs bildet die Frage, welche Rolle die
an der Besprechung am Wannsee teilnehmenden Institutionen und Personen
bei der Verfolgung und Ermordung der europäischen Jüdinnen und Juden
spielten. Zugleich wird deutlich gemacht, dass sie nicht die einzigen waren,
sondern eine Vielzahl von weiteren deutschen, aber auch europäischen Beteiligten ebenfalls involviert war. Um dieses komplexe Thema niedrigschwellig
vermitteln zu können, haben wir zwei Begriffsgruppen gebildet, die das
Narrativ strukturieren: Institutionen und Tatkomplexe.

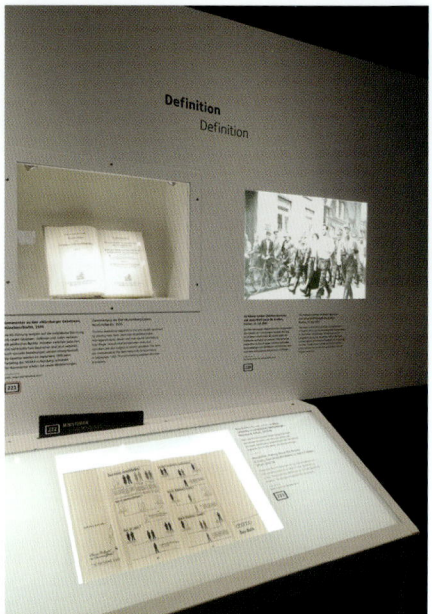

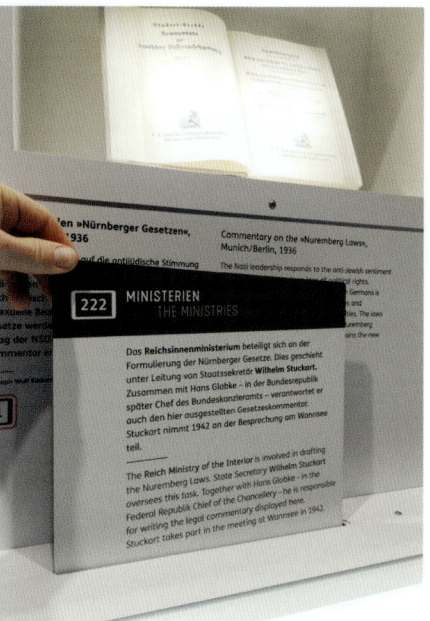

Raum 2: Wandabschnitt mit Schlagwort
»Definition«

Ausziehtafel zur Kategorie »Ministerien«,
hier: Reichsinnenministerium / Wilhelm Stuckart,
Fotos: GHWK

Die am Wannsee vertretenen Institutionen sind vier Kategorien zugeordnet –
Polizei und SS, Ministerien, Partei und Besatzungsverwaltung. Ergänzend
werden Wehrmacht, Wirtschaft und Verbündete genannt. Die zweite Begriffs-
gruppe umfasst die Tatkomplexe Ausgrenzung, Vertreibung, Definition, Raub,
Zwangsarbeit, Deportation und Mord.

Die beiden Begriffsgruppen werden in Raum 2, in dem die Vorgeschichte
der Besprechung am Wannsee erzählt wird, eingeführt. Die Animation funktioniert dabei als Eyecatcher (siehe Abb. 5 im Fototeil dieses Buches). Die Rolle der
Teilnehmer und ihrer Institutionen für die frühe Verfolgungs- und Mordpolitik
wird hier über ausziehbare Tafeln aufgerufen (siehe Abbildung oben rechts).

Bei der Thematisierung der Besprechung selbst werden die Teilnehmer
ausführlicher vorgestellt (Raum 3). Hier haben wir ein Ausstellungselement
konzipiert, das ihre institutionelle Zugehörigkeit aufgreift und zugleich ihre
hierarchische Position, also ihre Über- und Unterordnungsverhältnisse, visuali-
siert. Drehtafeln kombinieren ein Porträtfoto des Teilnehmers mit einem biografischen Text zum beruflichen Werdegang (siehe Abb. 10 im Fototeil dieses
Buches).

Ein ähnliches Ausstellungselement findet sich im Vertiefungsraum zur Tatbeteiligung von Institutionen (Raum 6). Dort folgt die Anordnung der Teilnehmer-Drehtafeln aber nicht dem Kriterium der Hierarchie, sondern dem jeweiligen Kriegs- und Nachkriegsschicksal (siehe Abb. 18 im Fototeil). Fotos und Texte fokussieren auf die Tatbeteiligung der Männer bei der Verfolgung und Ermordung der europäischen Jüdinnen und Juden. Institutionelle Tatbeteiligungen werden hier ausführlich in einer Tafel-Station aufgerufen, die die oben genannten Begriffsgruppen aufgreift (siehe Abb. 17 im Fototeil). Konkrete Beispiele machen deutlich, dass über die auf der Besprechung am Wannsee vertretenen Einrichtungen weitere Behörden und Ministerien, aber auch die Wehrmacht, die Wirtschaft und ausländische Verbündete an den Verbrechen zentral beteiligt waren.

Beim Thema Beteiligung der Gesellschaft und Umgang nach 1945 (Raum 7) haben wir ebenfalls mit Begriffsgruppen gearbeitet, die jeweils die Vielfalt von individuellen Verhaltensweisen aufrufen: wegsehen, profitieren, wissen, mitmachen und morden bzw. umdeuten, leugnen, mahnen, verdrängen, anklagen und integrieren (siehe Abb. 20 und 21 im Fototeil).

Für die Arbeit der Bildungsabteilung der GHWK mit Berufsgruppen galt es – trotz der Reduktion von Exponaten und Texten, die notwendig war, um Einzelbesucher*innen einen erfassbaren Umfang von Ausstellungsinhalten anzubieten –, eine gute Grundlage zu schaffen. Deshalb haben wir ein Ausstellungsmodul konzipiert, das es den pädagogischen Mitarbeiter*innen ermöglicht, zusätzliches (digitales) Material zu zeigen: In das Ausstellungsnarrativ eingebettet sind acht große Screens, auf denen bei Führungen vertiefende, zum Beispiel berufsspezifische Inhalte aufgerufen werden können (siehe Abb. 17 und weitere Abb. im Fototeil).

Nachvollziehbar und multiperspektivisch erzählen

Das Ziel der niedrigschwelligen Erzählweise wurde auch bei der Präsentation von Exponaten und bei der Textproduktion verfolgt. Dabei wurde das Narrativ insgesamt, aber auch innerhalb der einzelnen Räume auf die wichtigsten Aspekte reduziert. Exponate wie Gesetzblätter, Befehle, Plakate etc. werden als Faksimiles gezeigt, Bücher als Originale. So wird der historische Kontext des Gezeigten einfacher erfassbar, zum Beispiel bei einer in einer Zeitung

erschienenen Karikatur (zum Umgang mit Fotografien siehe unten). Schlagwort-
artige Überschriften zu einzelnen Exponatgruppen erleichtern die Orientierung.
In Screens präsentierte digitale Inhalte werden über Fragen erschlossen, etwa:
»Wer sind die Täter?« Alle Exponate haben einen kurzen kommentierenden
Text, der es den Besucher*innen ermöglicht, das Gesehene einzuordnen und
damit auch zu hinterfragen. Dabei sind diese Exponatkommentare mit 350
Zeichen, genau wie die Raum- und Thementexte mit 600 bzw. 500 Zeichen,
kurz gehalten.

   Ziel war es, die Ausstellungstexte in einfacher/klarer Sprache zu schreiben.
Um Erfassbarkeit und Verständlichkeit der Texte für Besucher*innen zu gewährleisten, haben wir bereits beim Verfassen der Texte die Schriftart und von
der Grafikerin definierte Textfelder zugrunde gelegt. So konnten wir Zeilen-
längen bzw. Umbrüche berücksichtigen. Dabei haben wir keine semantische
Textoptimierung angestrebt, grundsätzlich aber versucht, Sinnzusammenhänge
möglichst nicht zu trennen. Aufgrund der Komplexität des Themas und der
knappen Textlängen sind wir aber auch an Grenzen bezüglich einer einfachen/
klaren Sprache gestoßen. So ist es uns zum Beispiel nicht immer gelungen,
Fachbegriffe zu ersetzen, wie etwa Pogrom oder Ghetto.[1]

   Ein wichtiges Grundprinzip unserer kuratorischen Arbeit ist Multiperspektivität. Die neue Dauerausstellung greift die Perspektiven von deutschen und
europäischen Täter*innen und Helfer*innen ebenso wie die der Alliierten und
der Verfolgten selbst auf. Gerade weil das Schwerpunktthema der Ausstellung
im Haus der Wannsee-Konferenz auf die institutionelle »Tätersicht« fokussiert,
musste vermittelt werden, was dieses vermeintlich abstrakt-bürokratische
Handeln für Betroffene bedeutete und wie es sich in ihrem konkreten Erleben
niederschlug. Zentrales Element hierfür sind die Hörstationen des »Personali-
sierten Erzählens«, die aus jeweils individueller Sicht unterschiedliche Betrof-
fenen-Perspektiven ergänzen. Die insgesamt 13 Hörstationen, denen teilweise
kommentierte Exponate beigefügt sind, ziehen sich als Erzählstrang durch die
gesamte Ausstellung. Sie rufen kontinuierlich die Perspektive der Verfolgten
ins Gedächtnis (siehe gegenüberliegende Abb.). Bei unserer Auswahl war uns
Vielfalt nicht nur in Bezug auf das Geschlecht der Personen, sondern auch

---

1   Siehe den Beitrag von Cornelia Siebeck.

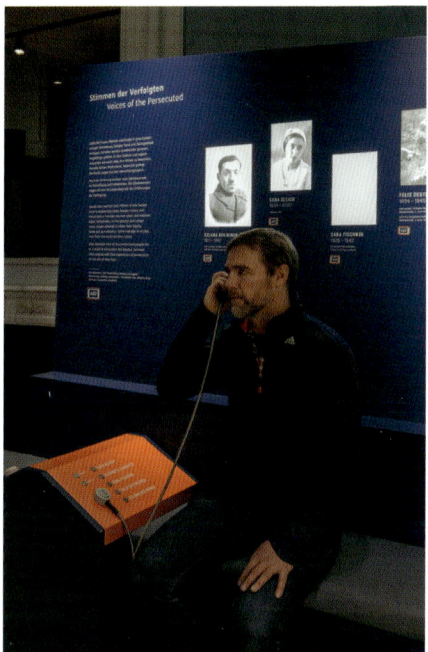

Hörstation Raum 4,
Foto: Thomas Bruns/GHWK

Hörstation Raum 8, Joseph Wulf,
Foto: Darja Preuss und Silas Bahr

bezüglich Herkunft, Alter, Nationalität und Verfolgungsschicksal wichtig. Damit werden auch vermeintlich feststehende Wahrheiten und hegemoniale Sichtweisen hinterfragt. Zudem werden Betroffene nicht ausschließlich als wehrlose Opfer präsentiert, sondern als handelnde Akteur*innen, die nach Möglichkeiten suchten, auf ihr Umfeld und ihre Situation Einfluss zu nehmen. Einige Mitarbeiter*innen der Bildungsabteilung vertraten den Standpunkt, dass an jeder Stelle bzw. jedem Exponat der Ausstellung mehrere Perspektiven erzählt werden müssten. Dies war aus unserer Sicht angesichts des Themas der Ausstellung und der räumlichen Gegebenheiten nicht realisierbar.[2]

    Die Vielfalt der Beteiligten und der Beteiligungsformen zu zeigen, war auch ein Kriterium unserer Fotoauswahl. So haben wir beispielsweise Bilder gesucht, auf denen nicht nur verschiedene Tätergruppen und Verfolgte, sondern auch Zuschauende zu sehen sind. Einige Fotos zeigen auch explizite Gewalt. Dies war ein weiterer Punkt, den Kurator*innen und Mitarbeiter*innen der Bildungs-

---

2   Siehe den Beitrag von Elke Gryglewski.

abteilung teilweise kontrovers diskutierten. Unseres Erachtens kann eine Ausstellung, die den Massenmord an den europäischen Jüdinnen und Juden vermitteln soll, nicht ohne Gewaltbilder auskommen. Ansonsten bestünde die Gefahr, dass das historisch falsche Bild eines »sauberen«, verwaltungsmäßigen Mordens unterstützt wird, und damit ein Bild, mit dem die Täter*innen ihr Handeln selbst legitimierten. Statt Gewalt nicht zu zeigen, haben wir vielmehr auf einen sparsamen und bewussten Einsatz solcher Fotos geachtet. Unzulässig ist es u. E., Gewaltbilder häufiger als unbedingt nötig auszustellen und sie strategisch zur Verunsicherung von Besucher*innen einzusetzen. Möglichst zu vermeiden ist auch, Fotos auszuwählen, auf denen die Opfer in entwürdigenden Situationen so dargestellt sind, dass sie durch die Art der Darstellung erneut entwürdigt werden. Einzelne Mitarbeiter*innen der Bildungsabteilung plädierten jedoch generell gegen das Zeigen von Gewalt oder Toten. Und auch die Frage, welche Bilder für Besucher*innen zumutbar sind bzw. die Opfer erneut entwürdigen, wurde mitunter unterschiedlich beantwortet.

Besucherbedarfe berücksichtigen

Eine zentrale Aufgabe war es, die neue Dauerausstellung für Menschen mit besonderen Bedürfnissen zugänglich zu machen. In Zusammenarbeit mit *Expert*innen in eigener Sache* wurde eine Vielzahl von Bedarfen in den Bereichen Bewegen, Sehen, Hören und Verstehen berücksichtigt. Die Einbindung eines Leitsystems bzw. eines Narrativs für Blinde, die Konzeption von taktilen Stationen und ein digitales Gästebuch, in dem auch blinde und sehbehinderte Besucher*innen Kommentare und Stellungnahmen abgeben und rezipieren können, sind nur einige Beispiele.

Die *Expert*innen in eigener Sache* formulierten verschiedentlich das Interesse, die Ausstellungsinhalte möglichst eigenständig und umfassend rezipieren zu können. Um eine nicht vorgegebene Erkundung der Ausstellung zu ermöglichen, haben wir uns stark dafür eingesetzt, sämtliche Ausstellungstexte in Deutsche Gebärdensprache und Leichte Sprache zu übersetzen. Da dies (zukünftig) über den Media-Guide angeboten werden soll, haben alle Exponate eine entsprechende Nummer erhalten. Aus Kosten- und Zeitgründen konnten zur Eröffnung zunächst jedoch nur zusammenfassende Führungen in diesen Sprachen angeboten werden.

Auch abgesehen von den Vorgaben zur besseren Inklusion, setzten wir in unserem Konzept für die neue Dauerausstellung darauf, die Besucher*innen zum Umgang mit den Quellen zu befähigen. Unter dem Stichwort »Historical Literacy« ging es darum, die Rezipient*innen zu animieren, Fragen zu den gezeigten Exponaten zu stellen und sich kritisch mit fotografischen und dokumentarischen Quellen auseinanderzusetzen. Deshalb schlugen wir vor, zwei entsprechende Medienstationen in die Ausstellung zu integrieren. Darüber hinaus soll die Art der Präsentation der Fotografien eine kritische Rezeption unterstützen. Alle Reproduktionen haben ein einheitliches Format, um ihren Charakter als Quelle zu betonen – im Gegensatz zu einer an gestalterischen Kriterien orientierten Formatvielfalt. Bei der Wahl des Formats wurden die Erfordernisse der Bildungsarbeit, also gute Erkennbarkeit bei Gruppenführungen, berücksichtigt. Um eine kritische Reflexion von Tätersichten anzuregen, wird in manchen Exponatkommentaren genauer auf den Entstehungskontext der Bilder eingegangen. Auch wird angegeben, wenn es sich um Fotografien von Angehörigen der Propaganda-Kompanien der Wehrmacht handelt; die Namen der Fotograf*innen sind – sofern bekannt – immer genannt.

Eine aktive Beteiligung von Besucher*innen stellt darüber hinaus einen zunehmend häufiger formulierten Anspruch an gelungene Ausstellungen dar. Entsprechend schlugen wir – ausgehend von der eingangs genannten Frage nach der persönlichen Relevanz (»Was hat es mit mir zu tun?«) – einige partizipative Formate vor. Sie sollten eine dialogisch angelegte, persönliche Auseinandersetzung der Besucher*innen mit den Ausstellungsinhalten ermöglichen. Rückbindungen zu aktuelleren Themen, wie etwa zur Auseinandersetzung mit Praxen des Gedenkens oder mit der Verfolgung von Massenverbrechen heute, waren für den Abschlussraum angedacht, wurden von uns selbst jedoch nicht mehr umgesetzt.

Lessons Learned

Wie jedes große Projekt unter Einbindung vieler Gruppen und Einzelpersonen war die Arbeit an der neuen Dauerausstellung ein teils herausfordernder, aber immer auch bereichernder Prozess. Insbesondere die Rückkopplung mit den *Expert*innen in eigener Sache* sowie die Zusammenarbeit mit den Kolleg*innen aus der pädagogischen Abteilung trugen dazu bei, unsere Konzepte immer wieder zu prüfen. Selbst wenn dies viel Zeit kostete, trug es aus unserer Sicht letztlich dazu bei, unsere kuratorische Arbeit zu schärfen. Andererseits kam es – trotz der mit drei Jahren eher langen Projektlaufzeit – zu zeitlichen Engpässen, die dann wiederum in einem konventionellen arbeitsteiligen Vorgehen mündeten.

Eine wesentliche Erkenntnis war auch, dass nicht immer alle Wünsche erfüllt werden können. Es ging, wie auch in anderen Projekten, verschiedentlich darum, zwischen den Interessen von Einzelbesucher*innen und Bedarfen der pädagogischen Arbeit mit Gruppen abzuwägen.

Insgesamt sind wir davon überzeugt, dass die Arbeit an einem »Design für Alle« eine lohnenswerte und bereichernde Erfahrung für sämtliche Beteiligten an einem Projekt darstellt – auch wenn dieser Begriff, so unsere Erkenntnis, einen Idealzustand beschreibt, der in der Praxis oftmals nicht erreicht werden kann. Ihn anzustreben sollte dennoch unser Ziel bleiben.

——

Empfehlungen

- Perspektiverweiterungen durch *Expert*innen in eigener Sache* nutzen

- Großzügige Projektlaufzeit für Abstimmungsprozesse einplanen

- »Design für Alle« anstreben, aber auch klare Prioritäten setzen

Hanns Zischler beim Einsprechen
der biografischen Berichte für die
Dauerausstellung im Tonstudio Brod,
23. 9. 2019, *Foto: GHWK*

»Es ist immer wieder entsetzlich und bedrückend, sich die schier unausrottbare Gewalt und Gewaltbereitschaft der Täter und die ebenso fanatische wie bürokratische Demütigung der Opfer vor Augen zu führen – am Beispiel der konkreten Einzelschicksale.

Ich plädiere seit langem für den Begriff des ›Bürgerkriegs‹, welchen die Nationalsozialisten zunächst gegen die deutsche, dann gegen die europäische Judenheit geführt haben.

Es ist ein unerträglicher Skandal, dass in unserem Land jüdische Einrichtungen bis heute polizeilich geschützt werden müssen.« **Hanns Zischler**

Gerd Kühling
Tillman Müller-Kuckelberg

DAS HAUS UND DIE TÄTER

Zum kuratorischen Umgang mit dem historischen Ort der Besprechung

Die Gedenk- und Bildungsstätte Haus der Wannsee-Konferenz feierte im Januar 2017 ihren 25. Jahrestag. Bis dahin waren in den Räumen der Villa am Wannsee zwei erfolgreiche Ausstellungen verwirklicht worden, die an die Besprechung vom 20. Januar 1942 und ihre Folgen erinnerten. Eine erste Ausstellung wurde unter dem Gründungsdirektor Gerhard Schoenberner im Jahr 1992 eröffnet, die zweite unter der Leitung von Norbert Kampe im Jahr 2006.

Kurz nach dem 25. Jahrestag machte sich unser fünfköpfiges Team daran, die dritte Ausstellung für das Haus zu entwickeln. Wir, die Kurator*innen Gerd Kühling, Birga Meyer, Tillman Müller-Kuckelberg, Babette Quinkert und Katharina Zeiher, standen vor einer großen Aufgabe. In diesem Beitrag beleuchten wir aus kuratorischer Perspektive ausgewählte Herausforderungen aus dem Entstehungsprozess der Ausstellung und zeigen Beispiele, wo unser Anspruch einer umfassenden Zugänglichkeit an seine Grenzen stieß. Nicht zuletzt bedeutete das Projekt, Arbeitsroutinen, Vorstellungen und Erwartungen immer wieder aufs Neue zu hinterfragen und mitunter auch mit ihnen zu brechen.

Barrierefreiheit braucht Veränderung

Bereits beim Eintritt in die neue Ausstellung stoßen Besucher*innen auf eine maßgebliche Veränderung im Vergleich zu den vorherigen Präsentationen: Die Sichtachse durch den großen Empfangssaal auf den Wannsee ist verstellt. In der Mitte des Raumes auf Höhe eines Kamins befindet sich ein Ausstellungsmöbel, an dem die Besucher*innen zum Thema der Ausstellung und zu den barrierefreien Zugängen informiert werden. Hinter diesem Eingangsmöbel übernimmt der Empfangssaal in unserem Rundgang eine neue Rolle. In der ersten Ausstellung von 1992 war er als »Saal der Länder« einer der zentralen Räume, in dem die Geschichte der Deportationen aus 18 europäischen Ländern präsentiert wurde. Wie in der gesamten Ausstellung wurde auch in diesem Raum die Geschichte auf großen bedruckten Glasplatten gezeigt, die die Fensterfront zum Wannsee bewusst verstellten. Gerhard Schoenberner wollte vor allem die Geschichte des Massenmords an den europäischen Jüdinnen und Juden dokumentieren – das Gebäude und sein Umfeld traten in den Hintergrund und konnten eigentlich nicht mehr wahrgenommen werden. Die zweite Ausstellung führte die Besucher*innen in diesem Raum anhand ausgewählter Biografien und einer Europakarte mit Angaben zur jüdischen Bevölkerung vor 1933 in die Thematik des Hauses ein. Norbert Kampe und sein Kurator*innenteam arbeiteten mit dem Kontrast der Schönheit der Um-gebung und den im Haus diskutierten Verbrechen. Ihr Konzept ließ die Fenster in diesem Raum völlig frei. Die Besucher*innen konnten das Ambiente auf sich wirken lassen und erhielten über die Karte und die Biografien gleichzeitig einen Einstieg ins Thema.

Für den neuen Rundgang entschieden wir uns, die Fenster ebenfalls frei zu lassen, den hinteren Teil des Empfangsraumes aber inhaltlich nicht mehr zu bespielen. Hier befinden sich nun Sitzmöglichkeiten, damit das bisher Gesehene in Ruhe überdacht werden kann.

Eine alte – neue Laufrichtung

In der neuen Ausstellung führen das Bodenleitsystem für blinde Besucher*innen und eine im Raum 1 (Die Einladung) installierte Animation, in der die ersten Zeilen des Einladungsschreibens zur Besprechung vom 20. Januar 1942 auf eine Leinwand getippt werden, zunächst in die rechte Haushälfte. Kenner*innen der Gedenkstätte mögen sich bei dieser Wegführung an die erste Ausstellung aus dem Jahr 1992 erinnert fühlen. Die Wahl der Laufrichtung hat jedoch keine nostalgischen Gründe, sondern fußt auf zweierlei Überlegungen: Zum einen trägt sie den Anforderungen an ein Blindenleitsystem Rechnung. Indem die Besucher*innen nicht wie bisher in einer Acht,[1] sondern gegen den Uhrzeiger-sinn im Kreis durch das Haus geführt werden, vermeiden wir verwirrende Kreuzungen. Zum anderen kommen Besucher*innen nun schneller als bisher in das als »Konferenzraum« bekannte Zimmer. Auch in der neuen Ausstellung werden hier die Kernthemen erörtert: die Besprechung am Wannsee vom 20. Januar 1942 selbst, ihre Teilnehmer und das Protokoll. Wer einen schnellen Überblick über den Ort und das historische Ereignis gewinnen möchte, bekommt diesen nun bereits im dritten Raum in der rechten Haushälfte. Wie in den Vorgängerausstellungen werden auch bei uns verschiedene Tatkomplexe und Täter*innengruppen besprochen und in die Überblicksdarstellung integriert. Im vertiefenden Teil der Ausstellung in der linken Haushälfte gehen wir allerdings noch einmal raumgreifend auf institutionelle Tatbeteiligungen und individuelle Verhaltensweisen ein und tragen damit auch der Entwicklung der Forschung in den letzten Jahren Rechnung.

Der Tisch und die Täter

In der neuen Dauerausstellung werden der verwaltungsmäßige Charakter der Besprechung vom 20. Januar 1942 und die Beteiligung unterschiedlicher Ministerien am Massenmord an den europäischen Jüdinnen und Juden frühzeitig deutlich. Dieses Vermittlungsziel wurde in den Vorgängerausstellungen ohne pädagogische Begleitung nicht immer erreicht. So rief die erste Ausstellung sogar die Kritik hervor, sie vernachlässige die NS-Täter und präsentiere die »Vernichtung ohne Vernichter«.[2] Von einer derartigen Verurteilung war die zweite Ausstellung weit entfernt. Allerdings mussten hier die Besucher*innen erst zahlreiche Räume passieren, um zu verstehen, welche Behörden wann und wie am Massenmord beteiligt waren. Für uns war bei der Gestaltung des Raumes, der die Besprechung im Januar 1942 wahrscheinlich beherbergte, dem »Konferenzraum«, der Austausch mit den *Expert*innen in eigener Sache* sehr hilfreich. Sie bestärkten uns in dem Vorhaben, die zentralen Inhalte für alle Besucher*innen selbstständig erschließbar zu machen. Dies galt natürlich insbesondere für das Protokoll der Besprechung. In den bisherigen Ausstellungen konnten eine vertiefende historische Analyse dieses Dokuments und

1   Siehe Norbert Kampe, Anmerkung zur Entstehung der zweiten Dauerausstellung im Haus der Wannsee-Konferenz ab 2006, in: Gedenk- und Bildungsstätte Haus der Wannsee-Konferenz (Hrsg.), Haus der Wannsee-Konferenz. Gedenk- und Bildungsstätte 1992–2017, Berlin 2017, S. 64–70.

2   Ingrid Strobl, Vernichtung ohne Vernichter, in: Konkret (1992) 5, S. 45–47.

eine Entschlüsselung seiner bürokratischen und euphemistischen Tarnsprache nur im Rahmen von Führungen und Studientagen durch Mitarbeiter*innen der Bildungsabteilung angeboten werden. Um dies zu ändern, dachten wir zunächst an den Einsatz eines digitalen Medientisches in der Mitte des Raumes. Diese Idee wurde allerdings schnell verworfen, denn die »klassische«, analoge Präsentation des Protokolls in den Vorgängerausstellungen hatte nicht zuletzt den zahlreichen internationalen Besucher*innen einen schnellen Zugang zum Thema ermöglicht. Ein Faksimile des Protokolls (und seine Übersetzung ins Englische) sind daher auch heute in einer, nun unterfahrbaren, Vitrine entlang einer der Wände ausgestellt. An der Wand darüber werden wichtige Passagen aus dem Dokument aufgeführt und erläutert, sodass Besucher*innen jetzt leichter selbstständig in eine vertiefende, textkritische Analyse des Dokuments einsteigen können.[3]

Die Präsentation des Dokuments kann aber auch als Beispiel für die Grenzen von Barrierefreiheit dienen. So ist die Anordnung von Protokollseiten (oben) und Übersetzung (unten) für Besucher*innen mitunter verwirrend und wäre umgekehrt vielleicht vorteilhafter gewesen. Auch die gute Ausleuchtung der Faksimiles hat ihren Preis, da sie auf dem Glas der Vitrine (noch) Spiegelungen verursacht.

Die Darstellung der Besprechungsteilnehmer ist im Gegensatz zu den vorherigen Ausstellungen nun auf der Seeseite des Raumes zu finden. Dafür wurde ein Organigramm auf drehbaren Tafeln konzipiert, das den Blick auf den Wannsee zwar weiterhin ermöglicht; die Porträtfotos und Kurzbiografien der Täter stehen dem malerischen Ausblick auf den Wannsee aber gleichsam im Weg. In der Raummitte gibt es zudem ein taktiles Organigramm, das es nun Blinden und Sehbehinderten ebenso ermöglicht, sich die Besprechungsteilnehmer und ihre Position in der NS-Ämterhierarchie zu erschließen. Die Installation an der Fensterseite zeigt zudem zum ersten Mal auch den Staatssekretär des Auswärtigen Amtes, Ernst von Weizsäcker, der auf der Besprechung von

---

3   In einer Medienstation können Besucher*innen anhand des Einladungsschreibens zur Konferenz zudem mehr über die äußere Quellenkritik, Stempel, Unterstreichungen und handschriftlichen Zusätze erfahren. Eine weitere Medienstation ermöglicht es Besucher*innen, sich die Seiten des Protokolls digital und stark vergrößert anzeigen zu lassen. Eine Betrachtung der Seiten in invertierter Form (weiße Schrift auf schwarzen Grund) ist hier ebenso möglich.

Unterstaatssekretär Martin Luther vertreten wurde. Vor einigen Jahren hätte von Weizsäckers Nennung aufgrund seiner umstrittenen Rolle im NS-Vernichtungsapparat wahrscheinlich noch große Beachtung gefunden. Zur Eröffnung der Ausstellung im Januar 2020 lag das Interesse der Öffentlichkeit allerdings auf dem Verzicht auf eine Tischinstallation.[4] Diese Reaktion ist wenig überraschend, denn in beiden Vorgängerausstellungen hatte ein Möbelstück zur Präsentation des Protokolls gedient, das an einen Konferenztisch erinnern konnte. In der ersten Ausstellung wurden die reproduzierten Seiten des Dokuments unter einer Glasplatte auf einem Stahlgestell präsentiert.

Präsentationsform des Protokolls in der ersten Dauerausstellung, 2003, *Foto: GHWK*

4   Siehe Amory Burchard, Neue Blicke auf Täter und Opfer, in: Der Tagesspiegel, 16.1.2020. In den Gästebüchern gaben einige Besucher*innen ähnliche Rückmeldungen: »Gelungene Ausstellung, aber es fehlt der Tisch. Er machte die Versammlung eindrücklicher.« (4.3.2020), »Tisch nicht gefunden, wo Abkommen zu Endlösung unterschrieben wurde« (8.6.2020) oder »Mein letzter Besuch liegt schon länger zurück. Damals hat mich die originale Einrichtung des Besprechungsraumes besonders beeindruckt. Diesen Raum habe ich heute nicht mehr vorgefunden. Das ist meiner Meinung nach ein großer Verlust, denn dieser Raum hat die Schwere des Verbrechens, die große Bedrückung, die Unmenschlichkeit dieser Männer so sehr deutlich spüren lassen.« (21.8.2020).

Präsentationsform des Protokolls
in der zweiten Dauerausstellung,
2011, *Foto: GHWK*

Die zweite Ausstellung arbeitete dann mit einer langgezogenen Vitrine,
auf der das Protokoll und seine englische Übersetzung gezeigt wurden.

Vor allem die erstgenannte Präsentationsform hatte offenbar die Fantasie
von Besucher*innen über den Ort und den Ablauf der Besprechung am
Wannsee beflügelt. So äußerten bereits nach Eröffnung der zweiten Ausstellung zahlreiche Gäste der Gedenkstätte ihr Bedauern darüber, dass der vermeintlich historische Tisch nun entfernt worden sei und der »authentische«
Charakter leide.[5] Aber auch die zweite Ausstellung rief Projektionen hervor –
obwohl keine Sitzordnung und kein Tisch historisch überliefert sind.[6]

---

5   In Besucher*innen-Rückmeldungen hieß es beispielsweise: »[...] Plakate und Bilder verbergen
die Wände und lässt kein authentisches Gefühl aufkommen. Das kann man an jedem anderen
Ort genauso gut sehen oder im Internet recherchieren. Keine original Einrichtung oder zeit-
gerechte Aufbereitung. [...]« (google maps Rezension von Nutzer B.H, 2019) oder »Es ist ein sehr
geschichtlicher Ort aber leider geht durch diese Ausstellung die Atmosphäre flöten. Wenn die
Zimmer so ausgestattet wären wie früher würde eine viel besser [sic!] Stimmung zu diesem
›düsteren‹ Ort herrschen. Aber so sieht jedes Zimmer wie das andere aus durch die zu plakatier-
ten Wänden.« (google maps Rezension von Nutzer Phantomrider, 2019)

6   In der E-Mail eines Besuchers hieß es: »I visited the Wannsee Conference Museum last year
and believe it was one of the most powerful experiences of my life. While there I recall seeing
a paper that indicated where each of the men attending the conference sat at the table in the
room where the conference was held.« (1.4.2016).

Präsentationsform des Protokolls
in der dritten Dauerausstellung,
2020, *Foto: GHWK*

Mit der aktuellen Entscheidung, das Protokoll nicht mehr in der Raummitte mittels einer Tischinstallation zu präsentieren, wollten wir nicht nur
jeglicher Andeutung von »Authentizität« entgegenwirken – denn bis heute ist
nicht bekannt, ob die Besprechung überhaupt in diesem Raum und an einem
oder mehreren Tischen stattgefunden hat. Auch wird der Eindruck vermieden,
das Dokument habe den Teilnehmern bei der Besprechung am 20. Januar
1942 als Tischvorlage gedient. Zweifelsohne bedeutet die neue Anordnung
eine Umstellung für Guides und Besucher*innen, denn über Jahre gehörte es
zum festen Bestandteil vieler Führungen, dass sich die Besucher*innen auf
Stühlen rund um die Protokoll-Vitrine niederließen und den Ausführungen der
Referent*innen zuhörten. Nun können Gruppen anhand der groß gezeigten
Protokoll-Passagen allerdings viel konkreter und greifbarer an das historische
Dokument herangeführt werden.

Hausgeschichte muss sichtbar sein

Seit Langem betont die Gedenkstättenpädagogik die große Bedeutung der
Sichtbarmachung der verschiedenen historischen Schichten eines Täter*innen-
ortes, um einer falschen Faszination von Gebäuden entgegenzuwirken.[7] Das
Haus der Wannsee-Konferenz hat stets darauf hingewirkt, symbolisch aufge-
ladene Zuschreibungen an das Haus aufzulösen und über dessen Geschichte

und Umgebung aufzuklären. Die Vorgängerausstellungen haben mit Glasplatten und Tafeln gearbeitet, die große Teile der Wände und der Fenster verdeckten. Die jetzigen Ausstellungsmöbel machen das Haus hinter der Ausstellung sichtbarer und lassen den Blick nach draußen zu. Aufgabe des Kurator*innenteams war es, den historischen Ort und seine Geschichte möglichst umfassend zu präsentieren. »Stellt das Haus in den Mittelpunkt«, lautete sogar eine Empfehlung aus dem wissenschaftlichen Beirat an uns. In mehreren Räumen beleuchten nun soge-nannte Zeitschichten-Elemente die Geschichte der Wannsee-Villa von ihrem Bau 1914/1915 bis zur Nutzung als Schullandheim von 1952 bis 1988. In Schaukästen wird dazu jeweils ein Exponat präsentiert. Ein Highlight ist sicher das Fotoalbum mit Aufnahmen der Villa, das der erste Besitzer Ernst Marlier um 1916 erstellen ließ. Gerne hätten wir auch Fotos von der Villa als Gästehaus des Reichssicher-heitshauptamtes oder während der alliierten Nutzung in der unmittelbaren Nachkriegszeit gezeigt – doch solche Exponate sind weiterhin unauffindbar.

Keine Erfolgsgeschichte nach 1945

Die Nachkriegsgeschichte der Villa am Wannsee und die Auseinandersetzungen um die »Wannsee-Konferenz« werden in der neuen Ausstellung erstmals um-fassend in einem eigenen Raum thematisiert. Kurz vor dem Ende des Ausstel-lungsrundganges in der linken Haushälfte (Raum 8) wird hier deutlich, dass die Aufarbeitung des Nationalsozialismus in Deutschland nach 1945 nicht verkürzt als reine Erfolgsgeschichte angesehen werden kann. Wir wollten zudem zeigen, dass Erinnerungsdiskurse nicht statisch sind; vielmehr verändern sie sich und sind Resultat gesellschaftlicher Auseinandersetzungen. Erste Initiativen zur Erinnerung an den Massenmord an den europäischen Jüdinnen und Juden gingen dabei häufig von den Überlebenden selbst aus. Sie standen mit ihrem Anliegen konträr zur Mehrheitsgesellschaft, die sich mit dem Thema und dem eigenen Verhalten in der NS-Zeit nicht konfrontieren wollte.

Der Raum widmet sich unter anderem dem Auschwitz-Überlebenden Joseph Wulf und seiner in den 1960er-Jahren gescheiterten Initiative, in der

---

7   Hans-Christian Jasch/Gerd Kühling, »Wer hier weint, hört nicht mehr auf« – Zum Umgang mit der Wannsee-Konferenz und ihrem historischen Ort, in: Zeitgeschichte-online, Januar 2017, https://zeitgeschichte-online.de/kommentar/wer-hier-weint-hoert-nicht-mehr-auf.

Villa ein Dokumentationszentrum einzurichten. Weitere Themeninseln beleuchten die Nachkriegs-Rezeption der Wannsee-Konferenz und die Leugnung des Holocaust bis in die Gegenwart. Präsentiert werden Original-Bücher und Videokassetten oder Faksimiles von Tagungsprogrammen, Zeitungen und Flugblättern; alle gezeigten Bücher können in der Bibliothek der Gedenkstätte eingesehen werden.

In diesem Bereich der Ausstellung verlässt das Narrativ den vornehmlich deutschen und europäischen Bezugsrahmen. Anhand von Beispielen aus Nordamerika und der arabischen Welt wird die globale Dimension des Verleugnens der NS-Verbrechen deutlich. Diese erstmalige Präsentation von Holocaust-Leugnung in der Gedenkstätte haben wir im Entstehungsprozess der Ausstellung durchaus kontrovers diskutiert. Über das Phänomen der Leugnung, Verharmlosung und ahistorischen Umdeutung des Holocaust, das in letzter Zeit wieder zugenommen hat, sollte aber nicht geschwiegen, sondern aufgeklärt werden. Deswegen findet auch der mutige und entschlossene Protest gegen solche Entwicklungen, der sehr oft zuerst von Überlebenden der Verfolgung ausging, hier besondere Beachtung.

Vorannahmen korrigieren

Die neue Ausstellung im »Design für Alle« bedeutet nicht nur, sich von vertraut gewordenen Elementen und eingeübten Vorgehensweisen zu verabschieden. Auch wurde uns in ihrem Entstehungsprozess immer wieder deutlich, wie sehr sich konzeptionelle und gestalterische Fragen sowie Aspekte der Barrierefreiheit gegenseitig beeinflussen. Diese Verschränkung lässt sich an unserem Umgang mit zwei Themenkomplexen besonders gut verdeutlichen: der Vermittlung der Hausgeschichte und der Darstellung der Teilnehmer. Im kuratorischen Prozess hatten in beiden Fällen die Bedürfnisse von Blinden und Sehbehinderten besonderen Einfluss auf Konzeption und Gestaltung. Da die Zeitschichten-Elemente zur Vermittlung der Hausgeschichte nicht vom Bodenleitsystem angesteuert werden, richteten wir im Wintergarten eine eigene Audio-Station ein, mit der die dazugehörigen Exponat-Texte angehört werden können. So konnten wir sicherstellen, dass auch diese Inhalte wirklich für alle Besucher*innen erreichbar sind. Die Überlegung, den Kaminsims im Empfangsraum und den Springbrunnen im Wintergarten für Blinde durch Ertasten, aber ohne längere Erläuterungen erfahrbar zu machen, wurde verworfen. Die Expert*innen des Allgemeinen Blinden- und Sehbehindertenvereins Berlin klärten darüber auf, dass ohne eine vertiefende historische Kontextualisierung zum Ort und zum Thema der Ausstellung das Tasten an sich nur einen geringen Wert habe. Gerade andersherum verhält es sich mit dem taktilen Organigramm der Teilnehmer im »Konferenzraum«: Zwar wären hier auch eine Beschreibung und Erläuterung nur über den Multimediaguide möglich gewesen, ansprechender ist jedoch das Tastmodell, wie es nun in der Ausstellung zu finden ist.

Zusammenfassend lässt sich sagen, dass die neue Ausstellung der Gedenk- und Bildungsstätte Haus der Wannsee-Konferenz die bisher im Haus präsentierte Erzählung erweitert, mit Projektionen und Erwartungen bricht und mit ihrem »Design für Alle« den Versuch unternimmt die Inhalte einer größeren Vielfalt von Besucher*innen zugänglich zu machen. Wir hoffen sehr, dass uns dies im Sinne der Gäste des Hauses gelungen ist.

———

Vera Franke

ALLES NEU AM WANNSEE!

Zur Gestaltung der Gedenk- und Bildungsstätte im Design Für Alle

Mit dem Auftrag zur Gestaltung der neuen Dauerausstellung im Haus der Wannsee-Konferenz konnten wir als Designbüro Franke | Steinert zusammen mit Christine Kitta unser Wissen zur Erarbeitung barrierefreier Ausstellungen einbringen und weiter vertiefen. Dieser Aufgabe haben wir uns gerne gestellt. Im Zuge der Neugestaltung der Ausstellung stand jedoch auch eine weitergreifende Sanierung der Räume an. Somit bezog sich der Prozess auf das Gebäudeinterieur insgesamt.

Annäherung an die Villa

Zu Beginn des Projekts beschäftigte uns die Atmosphäre innerhalb der Ausstellungsräume. Im Zuge der letzten Renovierung vor circa 14 Jahren wurde die Villa am Wannsee im italienischen Landhausstil gestaltet: mit Wandbespannungen aus venezianischen Stoffen in freundlich warmen Farben wie Rostorange, Goldgelb und Pistazie wirkte das Interieur freundlich und für einige sogar gemütlich. Der Kontrast zwischen dieser Ästhetik und den grausamen historischen Fakten, die hier thematisiert werden, war sehr auffällig. Die Vorgängerausstellung war als Text-Bild-Band vor den Wänden installiert worden und durchzog das gesamte Haus. Die Ausstellung ging mit dem Gebäude eine direkte Verbindung ein. Im Zuge unserer Neugestaltung sollte einiges erneuert werden. So wurden zeitgleich unter anderem die Parkett-Fußböden saniert.

Als szenografisch denkendes Gestaltungsteam lag für uns die Überlegung nahe, an die damalige Gestaltung der Räume atmosphärisch anzuknüpfen. Wir stellten die Frage, ob sich diese »Besprechung mit anschließendem Frühstück«[1] vom 20. Januar 1942 irgendwie nachstellen oder zumindest vage

Bemusterung anhand von
Materialproben, GWHK
19. 12. 2018, Foto: Vera Franke

andeuten ließe, vielleicht durch den Einsatz von Projektionen. Dieser Ansatz wurde von den beteiligten Wissenschaftler*innen nicht begrüßt, mit der Begründung, die Besprechung am Wannsee hätte ebenso in einem Dienstgebäude stattfinden können und bilde mit der Fabrikantenvilla Marlier[2] historisch keinen kausalen Zusammenhang. Sicher eine gute Entscheidung, eher sachlich und weniger imaginativ zu arbeiten.

Anstatt szenografisch zu denken, entschieden wir, mittels Farbgebung die Atmosphäre der Räume zu verändern und stimmiger zu den Ausstellungsinhalten zu halten. Nach einigen Recherchen stellte sich heraus: Der historische Originalzustand lässt sich nicht genau nachvollziehen. Fotos einzelner Räume aus den vorangegangenen Jahrzehnten und Funde alter Stoffreste, die unter Holzleisten zum Vorschein kamen, belegten jedoch: Es war damals wesentlich dunkler und sah vermutlich ganz anders aus als die Farbgebung, die wir vorfanden.

Ein eigenes Farbkonzept stand somit am Anfang unserer Entwurfsarbeit. So wurde z. B. die ehemalige Küche des Hauses (Raum 1 und 2) dunkelblau gestrichen, sodass die historischen Fliesen mehr zur Geltung kommen. (vgl. Abb. 4 im Fototeil) In anderen Räumen veränderten wir das Farbspektrum von farbig/warm zu dezent/kühl.

Für die neuen Wandbespannungen suchten wir anhand einer aufwendigen Bemusterung zurückgenommene Farben aus wie Graublau, Grüngrau, Silbergrau, welche als kalandertes Moiré gefertigt wurden. Mithilfe der ausführenden Firma[3] gelang es, solche Stoffe in Brandschutzklasse 1 (schwer entflammbar) in den ausgesuchten Farben eigens fertigen zu lassen.

---

1 So lautet der Text in der Einladung zur später als Wannsee-Konferenz bezeichneten Besprechung.

2 Die Villa und der Garten wurden 1914/15 nach Plänen des Architekten Paul O. A. Baumgarten für den Pharmafabrikanten Ernst Marlier gestaltet. Zur Geschichte des Hauses siehe auch: www.ghwk.de/de/ueber-das-haus/hausgeschichte.

3 Raumausstattung Claus, Frankfurt a. M.

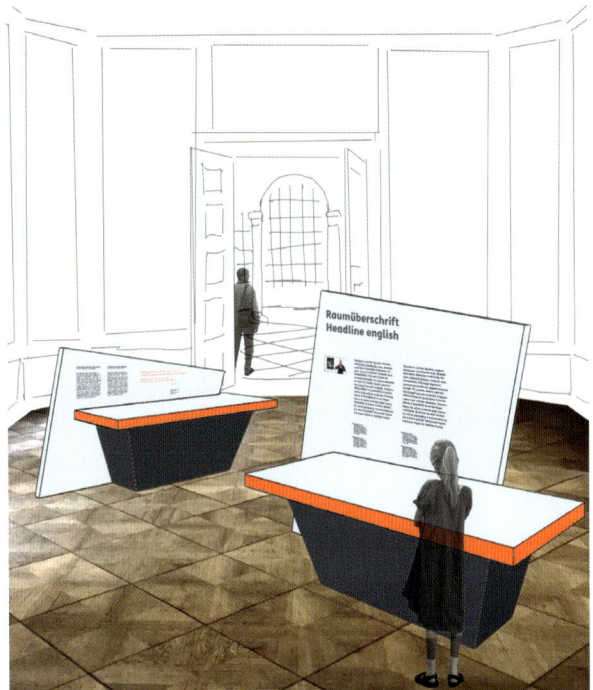

Entwurfszeichnung und
Grundrissskizzze aus der
Wettbewerbspräsentation,
Franke | Steinert, Kitta

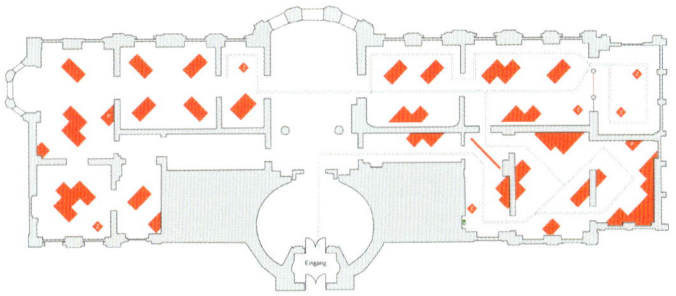

Der Grundrissentwurf für die neue Ausstellung sah vor, die Baukörper vom
Haus ganz deutlich zu trennen und nicht – wie zuvor – direkt vor die Wände
zu setzen. Wir wollten alle Ausstellungsbaukörper im 45°-Raster aufstellen
und von beiden Seiten zugänglich machen. Hierzu entwickelten wir anfangs
einen schematischen Entwurf, der ein deutlich neues Konzept signalisierte.
Bei dieser Idee hatten wir jedoch nicht bedacht, dass große Gruppen und ein
hohes Besucher*innenaufkommen deutlich mehr Raum benötigen würden und
mussten davon Abstand nehmen. Hinzu kamen die inhaltlichen Vorgaben zu
den Wandinhalten und deren Anordnung und nicht zuletzt die Notwendigkeit,
eine Bodenleitlinie in die Ausstellung zu bringen, deren sinnvoller Verlauf den
Grundriss in hohem Maß mitbestimmte. Eine weitere Idee, die wir beibehielten,

war, die Baukörper mit »stürzenden Linien« zu gestalten. Die abfallenden Linien sollen symbolisieren, welche tiefgreifende Transformation Moral und Menschlichkeit durch den Nationalsozialismus erfuhren.

In die Spur kommen

Sinnvolle Herangehensweisen, um ein Gestaltungskonzept möglichst barrierefrei und inklusiv zu entwickeln, haben sich in den letzten Jahren verbreitet und etabliert. Unter den Stichworten »Design für Alle« und »Inklusive Gestaltung« lassen sich viele Vorgaben finden, die es zu beachten gilt.[4] Die Herausforderung besteht darin, diesen weitestgehend gerecht zu werden und alles zu bedenken. Dabei können Unwägbarkeiten und Interessenkonflikte zu weniger ausgereiften und inklusiven Lösungen im Sinne eines Designs für Alle führen – oder Prozesse längere Zeit blockieren.

In den Räumen der Villa sorgte das frisch sanierte Parkett für große Herausforderungen. Bodenindikatoren, die für stark seheingeschränkte und blinde Besucher*innen die wichtigste Grundlage zur Orientierung im Raum bilden, werden üblicherweise aufgeklebt, wenn nicht sogar angeschraubt. Beides ist nicht möglich, ohne den aufwendig restaurierten Holzparkettboden nachhaltig zu verändern oder gar zu beschädigen. Allein der Grad der Lichteinwirkung würde dazu führen, dass ein Rückbau des Leitsystems auf dem Holzboden deutlich sichtbar bliebe. Lange Sitzungen erbrachten zu alternativen Vorschlägen: Die Bodenindikatoren könnten auf Polycarbonatstreifen oder Glasträger gesetzt werden, welche dann mit weniger Befestigungspunkten angebracht werden; man könnte ein akustisches Leitsystem installieren … Diese Ideen beachteten jedoch nicht die europäischen Normen zur Barrierefreiheit im Sinne eines einheitlich erkennbaren Leitsystems für blinde Menschen. Die Interessenkonflikte zwischen Denkmalschutz, Barrierefreiheit und nicht zuletzt Brandschutz (auf den ich hier nicht eingehe) bilden ein Spannungsdreieck. Somit sind lange Diskussionen vorprogrammiert. Wir hatten nicht damit gerechnet, dass uns so viele Themen beschäftigen werden, bevor wir zu den eigentlichen Aufgaben rund um die Ausstellung kommen konnten. Es bedurfte einiger Durchsetzungskraft und eines starken Willens der Projektleitung, der Barrierefreiheit den Vorrang zu geben, hinter dem andere, wenn auch nachvollziehbare Argumentationen zurücktreten mussten.

Für Alle gestalten

Für unsere Entwürfe für die Ausstellungsarchitektur und -grafik galt es, die Grundsätze des »Design für Alle« bis ins Detail umzusetzen. Dazu gehören:

- Bewegungsfreiheit für Rollstuhlnutzende

- die ausreichende Unterfahrbarkeit von Tischen und Vitrinen

- die Erreichbarkeit von Hands-On-Stationen für Menschen mit einem eingeschränkten Greifradius

- eine Bodenleitlinie für den Langstockeinsatz

- tastbare Übersichtspläne in den einzelnen Räumen zur Orientierung für blinde und seheingeschränkte Menschen

- tastbare Informationsgrafiken

- hochwertige, flackerfreie LED-Beleuchtung[5] und gute Lichtsetzung ohne Spiegelungen

- gute Lesbarkeit von Texten durch hohe Kontraste und eine ausreichend große Schriftgröße

- eine einfache Bedienung von Medienstationen mit einer durchdachten Interface-Gestaltung für Bildschirme

- Identifikation von Themenfeldern durch farbliche Gestaltung der Baukörper

- Integration eines Multimediaguides durch gut sichtbare Abrufpunkte.

---

4   Leitfäden: Senatsverwaltung für Stadtentwicklung und Umwelt Berlin Kommunikation (Hrsg.), Berlin – Design for all, Öffentlich zugängliche Gebäude, Internetfassung: https://www.stadtentwicklung.berlin.de/bauen/barrierefreies_bauen/de/handbuch.shtml; Stiftung Deutsches Technikmuseum (Hrsg.), Barrierefrei Konzipieren und Gestalten; DIN Normen: 18040 Barrierefreies Bauen – Planungsgrundlagen, DIN 32984 Bodenindikatoren im öffentlichen Raum, DIN 1450 Schriften – Leserlichkeit u. v. m.; Weblinks: https://www.design-fuer-alle.de/, https://www.absv.de/, https://www.leserlich.info/.

5   Die Lichtplanung für die neue Deckenbeleuchtung wurde mit der Firma Erco umgesetzt.

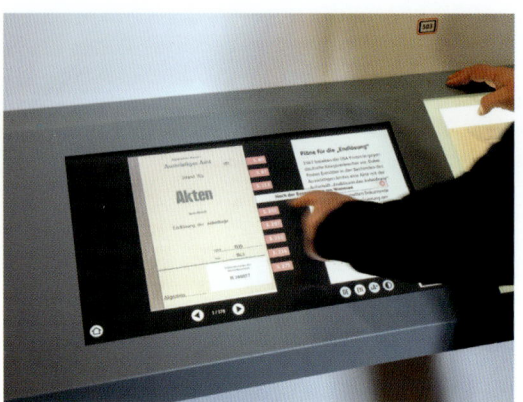

Medienstation zur Einsicht in die
»Akte Endlösung« mit markierten
Stellen. Die Inhalte an allen
Monitorstationen sind vergrößerbar
und können s/w invertiert werden,
Foto: Thomas Bruns/GHWK

Bemusterung mit den
Expert*innen in eigener Sache im
Hof unseres Büros, da unser Büro
nicht barrierefrei zugänglich ist,
25.3.2019, *Foto: Christine Kitta*

Zur Überprüfung unserer Ideen während der Ausarbeitung arbeiteten wir
mit einer Gruppe von *Expert*innen in eigener Sache* (kurz: EieS) zusammen.
Mit ihnen besuchten wir zu Beginn unserer Zusammenarbeit das ebenfalls von
uns gestaltete Anne Frank Zentrum, um von der Gruppe Rückmeldungen zur
dortigen inklusiven Gestaltung zu erhalten.[6] Aufgrund der Anmerkungen wurde
uns klar, dass wir im Vorfeld mehr testen und ausprobieren müssen. So bauten
wir unsere Entwürfe für die geplante Ausstellung im Haus der Wannsee-Konferenz exemplarisch als 1:1 Modelle aus Karton nach und ließen diese von den
EieS testen.

Durch die Zusammenarbeit mit den EieS bekamen wir zum einen sehr
wertvolle Hinweise, um unsere Arbeit zu verbessern. Zum anderen reifte
die Erkenntnis, dass der direkte Austausch mit den Betroffenengruppen viel
sinnvoller ist, als nur Handreichungen und DIN-Normen zu studieren. Es lässt
sich nicht zielführend selbst simulieren, wie eingeschränkt der Greifradius für

manche Menschen im Rollstuhl ist und wie unterschiedlich die Unterfahrbarkeit zu gestalten ist. Allein die Nutzung eines zusätzlichen Kissens im Rollstuhl lässt die anerkannte DIN schnell an ihre Grenzen stoßen. So haben wir die Pulthöhen zur Gewährleistung der Unterfahrbarkeit 13 cm höher angelegt als in bisherigen Projekten, bei denen wir das in der DIN-Norm geforderte Mindestmaß zugrunde gelegt hatten. Angefangen vom Empfangstresen über die Wandvorbauten bis zu Medienstationen ist jedes Ausstellungsmöbel für Rollstuhlfahrer*innen zugängig.

Besonders wichtig war es uns, die interaktiven Stationen mit den EieS zu überprüfen. Eine Wand im Raum 3 zeigt die Teilnehmer der Besprechung am Wannsee mit einem Porträt und einer Kurzbiografie. Die Tafeln sind drehbar. Die Hierarchie im Organigramm musste bestehen bleiben, so konnten nicht alle Tafeln so niedrig angebracht werden, dass sie vom Rollstuhl aus erreichbar sind. Diese Inhalte werden daher in ausleihbaren Tablets sowie in einer benachbarten Medienstation mitsamt biografischen Vertiefungsinformationen wiedergegeben.

Am Beispiel der Medienstationen lässt sich erkennen, wie verschiedene Interessen aufeinandertreffen: Zum einen sollten die Stationen in der Arbeit mit Gruppen funktionieren, also im Stehen und mit etwas Abstand sichtbar sein. Auf der anderen Seite sind alle Elemente bestenfalls so arrangiert, dass sie für Einzelbesucher*innen auch auf geringe Distanz oder bei geringem Greifradius funktionieren. Besonderes Augenmerk legten wir dabei auf die Lesbarkeit der Medienstationen, welche ebenfalls mit den Expert*innen in eigener Sache mehrfach getestet wurden.

Gestaltung der Medien und Grafik

Bereits mit der Wettbewerbsteilnahme schlugen wir für die grafische Gestaltung der Texte die Schrift »FS Me« vor, die unter dem Aspekt besonders guter Lesbarkeit in Zusammenarbeit mit seheingeschränkten Menschen entwickelt wurde.[7] Die Schrift zeichnet sich durch ein ideales Verhältnis von Ober- und Unterlängen aus. Die Unterscheidbarkeit der Buchstaben ist durch feine

---

6   Siehe den Beitrag von Hilke Groenewold und Christiane Schrübbers.

7   https://www.fontsmith.com/fonts/fs-me

Details besonders hoch. Die Schrift wirkt freundlich, dynamisch und offen. Für die Bezeichnung der Institutionen und der Namen der NS-Verbrecher führten wir allerdings später noch eine strengere, sachlichere Schrift ein, denn die Anmutung der Schrift »FS Me« war (wie bei den meisten barrierearmen Schriften) so freundlich, dass sie der Thematik nicht mehr angemessen erschien.

Die Texte stehen in schwarz auf (nahezu) weiß, um den höchstmöglichen Kontrast zu erzielen.

Wir lernten von den EieS, dass die Wahrnehmung von Menschen mit Seheinschränkungen durchaus sehr unterschiedlich sein kann: Ist für die einen schwarzer Text auf weißem Grund besser lesbar, werden andere genau durch diesen weißen Hintergrund geblendet. In den Medienstationen bieten wir deshalb immer die Inversion zu weiß auf schwarz bzw. umgekehrt an.

Die Schriftgrößen orientieren sich an den Vorgaben des Allgemeinen Blinden- und Sehbehindertenvereins[8], der auf seinem Portal leserlich.info[9] Angaben für die Berechnung von Schriftgrößen unter Einbeziehung des Visus, des Lichteinfalls und Leseabstands bereitstellt. Die uns in dieser Schrift schon außerordentlich groß erscheinenden Texte fielen beim Praxistest mit den Expert*innen in eigener Sache dennoch teilweise durch, und wir vergrößerten die Texte nochmal. Trotzdem mussten an einigen wenigen Stellen auch Kompromisse auf Kosten der Lesbarkeit eingegangen werden, weil es im Spannungsfeld zwischen Platzangebot, Menge und Größe der Exponate nicht anders möglich war.

Eine besondere Herausforderung war die Gestaltung von Landkarten mit geografischen und politischen Informationen sowie dem Verlauf von historischen Ereignissen. Aufgrund der Informationsdichte war es zum einen nicht möglich, die Inhalte übermäßig groß darzustellen, und zum anderen waren dem Umfang von erklärenden Legenden Grenzen gesetzt. In die grafische Umsetzung der Vorlagen floss viel Zeit, um die Karten so verständlich und gut lesbar wie möglich zu machen und trotzdem den Ansprüchen an wissenschaftliche Akkuratesse und Inklusion gerecht zu werden.

---

8   https://www.absv.de

9   https://www.leserlich.info

Am Ende der Ausstellung befindet sich ein Gästebuchformat, das durch seine technischen Komponenten nicht nur für jüngeres Publikum attraktiver scheint, sondern auch einen barriereärmeren Feedbackraum eröffnet. Neben einem Monitor, auf dem zwischen einem deutschen, einem englischen und einem hebräischen Tastaturlayout gewechselt werden kann, wird hier auch eine herausnehmbare, kontrastreiche und mit entsprechenden Tastenmarkierungen versehene physische Tastatur zur Verfügung gestellt, die blinden und seheingeschränkten Nutzer*innen die Eingabe erlaubt. Auditive Hinweise zu den Tastaturbefehlen zum erneuten Anhören des getippten Beitrags, zum Absenden oder Löschen runden das Angebot ab. Die jeweils letzten Einträge werden auf einem weiteren Screen im Loop gezeigt und in ihrer Gesamtheit in einer Cloud gesammelt. Die Integration einer simultan arbeitenden Speech-2-Text und Text-2-Speech-Software, einer Entsprechung in Deutscher Gebärdensprache oder einer Braillezeile mit dazugehöriger Software und Ähnliches stießen wiederum auf vielfältige technische, räumliche und finanzielle Probleme.

Resultat

Die neue Dauerausstellung hat ein Exempel statuiert. Ausschlaggebend dafür waren einerseits der hohe fachliche Anspruch aller Beteiligten und andererseits die gute, praktische und konkrete Beratung durch die Expert*innen in eigener Sache. Die dadurch frühzeitig identifizierten Fallstricke machten klar, dass der direkte Austausch mit den Betroffenengruppen viel zielführender ist, als lediglich Handreichungen und DIN-Normen zu studieren. Durch die regelmäßigen von Frau Groenewold und Frau Schrübbers begleiteten Treffen gab es nicht nur kontinuierlich Feedback zu unseren Entwürfen und Planungen. Es war auch gewährleistet, Probleme nicht aufzuschieben, sondern immer wieder Lösungen zu finden. Wir wollten das Ziel im Auge behalten, eine wirklich inklusive Ausstellung zu realisieren. In unserer gestalterischen Arbeit haben wir versucht, die Balance zwischen eigenem Stil und einem respektvollen Umgang mit dem Gebäude zu finden und dabei die gebäudetechnischen Probleme so gut wie möglich zu bewältigen.

Rückblickend betrachtet erscheinen all die angesprochenen Aspekte, die es zu beachten galt, überschaubar. Im Detail war es jedoch immer wieder eine Herausforderung, alle Elemente passgenau auf begrenztem Raum zusammenzubringen. Wichtig war es auch zu entscheiden, welche Inhalte noch zusätzlich in einer anderen Form dargeboten werden, wie z. B. im Tastrelief, in einer Medienstation oder im Multimediaguide. Die Ausstellung sollte nicht redundant in alle Medien übertragen und gedoppelt werden, sondern die Medien sich zu einem großen Ganzen ergänzen.

Zur Entwicklung und Gestaltung einer barrierefreien Ausstellung ist ein fachlich breit aufgestelltes Team mit genauer Arbeitsteilung und klaren Verantwortlichkeiten unabdingbar. Neben guter fachlicher Kenntnis ist vor allem viel Koordination gefragt. Feedbackrunden und Testläufe sind außerordentlich wichtig – unter Einbeziehung von potenziellen Nutzer*innen-Gruppen. Wie die Ausstellung am Wannsee deutlich zeigt, ist inklusive Gestaltung ein Mehrwert für alle Besucher*innen und keine Einschränkung.

———

Besprechungsrunde bei Franke | Steinert,
24.6.2019, Foto: Frank Steinert

Alu-Dibond-Platten aus der
2. Dauerausstellung während des Abbaus,
Foto: Vera Franke, 2019

FOTOS DER NEUEN DAUERAUSSTELLUNG

Raumplan der Ausstellung

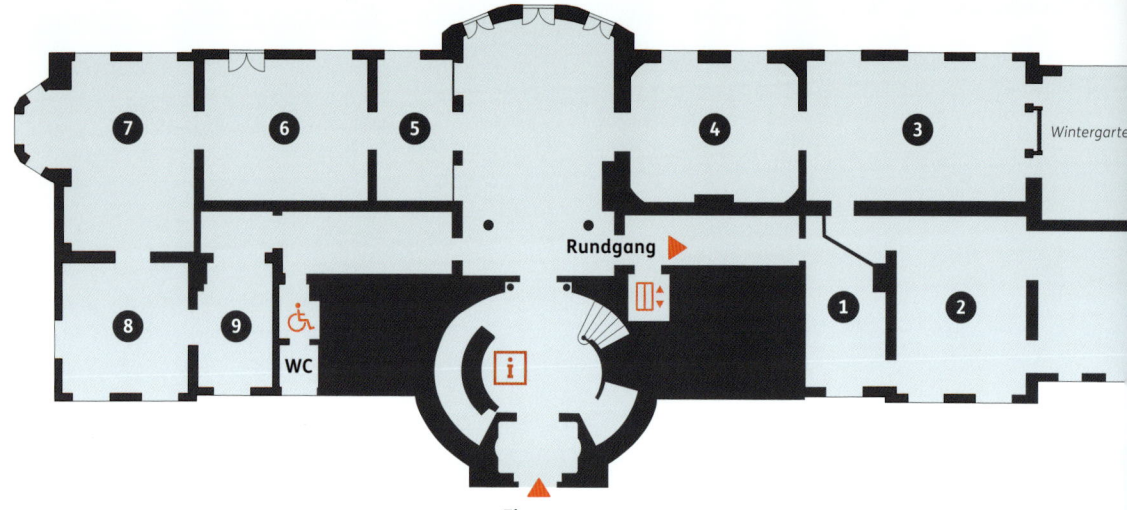

1 Die Einladung

2 Von der Ausgrenzung
zum Massenmord

3 Die Besprechung
am 20. Januar 1942

4 Die Ausweitung der Mordpolitik

5 Die Akte »Endlösung«

6 Arbeitsteilige Täterschaft

7 Beteiligung der Gesellschaft

8 Auseinandersetzungen um
die »Wannsee-Konferenz«

9 Rückblick – Ausblick

Die neu gestaltete Rezeption

Alle Fotos: Thomas Bruns / GHWK

2

Einführungsbaukörper. Auf dem Bild zu sehen
ist der taktile Übersichtsplan, links an der Kante
befindet sich eine Langstock-Halterung.
Der Einführungstext wird in Deutscher Gebärdensprache angeboten. Die umrahmte Nummer
dient dem Abruf im Mediaguide. Auf dem
Monitor rechts wird der Mediaguide erklärt.

3

Flur 0.1 mit einem Zeitstrahl, der
die Nutzungsperioden des Hauses
wiedergibt.

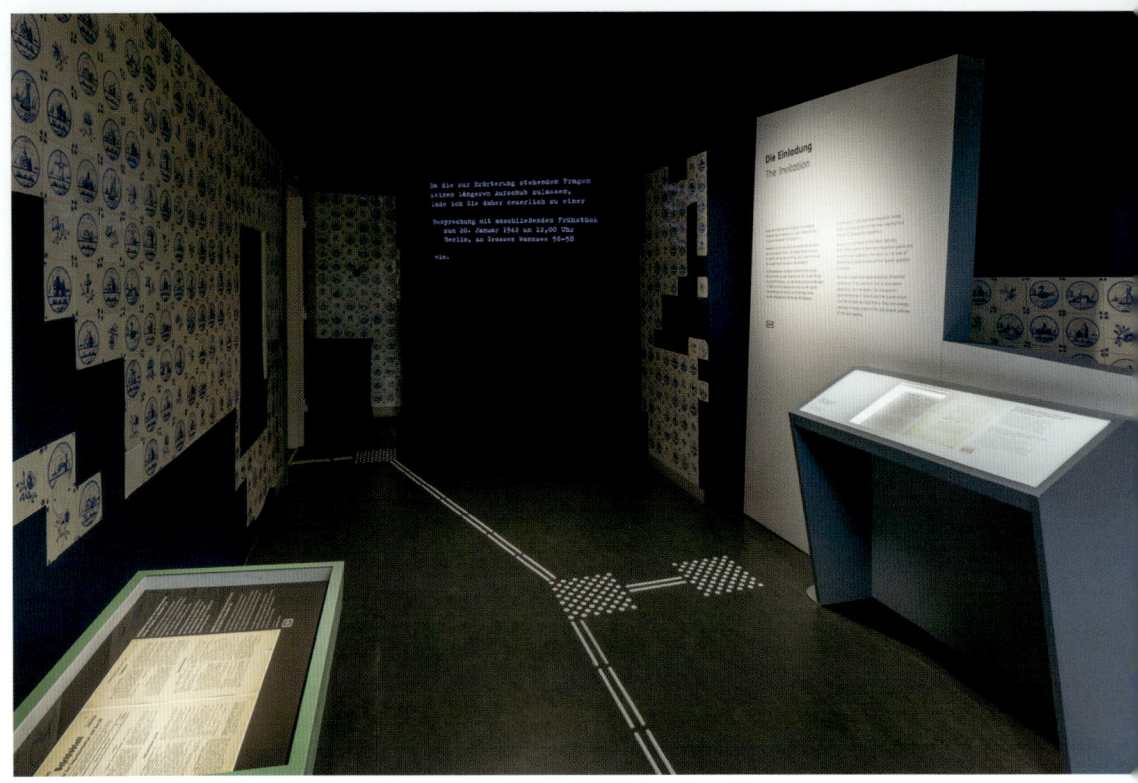

4

Raum 1 mit Schreibmaschinenanimation
des Einladungsschreibens zur Besprechung

5

Raum 2 mit Beamerprojektion

6

Blick in Raum 2 mit unterfahrbarer Aus-
stellungswand mit hinterleuchteten Bildern,
Vitrinen, Hörstationen, Bildschirmen sowie
einer tastbaren Karte zu Opferzahlen von
Massenerschießungen in den besetzten
sowjetischen Gebieten

Raum 2 mit großer Europakarte

8

Raum 3 Gesamtansicht mit
taktilem Organigramm

9

Raum 3 mit Protokollwand.
Die Vitrine ist unterfahrbar. Unter den
faksimilierten Protokollseiten in der
Vitrine ist die englische Übersetzung
angebracht. In der Medienstation können
alle Seiten des Protokolls (Scans)
vergrößert und als Transkript auch auf
Englisch und Hebräisch gelesen werden.

10

Raum 3 mit Organigramm der
Teilnehmer der Besprechung

11

Wintergarten mit Informationen zu
weiteren von NS-Behörden genutzten
Gebäuden am Wannsee und einem
hier zu sehenden Zeitschichtenelement
mit Informationen zur Nutzung des
Hauses als Fabrikantenvilla zwischen
1915 und 1940

12

Raum 4 mit Animation zur
Ausweitung der Mordpolitik

13

Raum 4 mit Audiobank
»Stimmen der Verfolgten«

15

Raum 5 mit digitalisierter »Akte Endlösung«
und Hörstation (orange) zu Robert Kempner
mit einem nach DIN EN 60118-4 ein-
gemessenen Induktionshörer zur Audio-
übertragung für Hörhilfen mit T-Spule

vorige Seite:
Blick vom Foyer (Raum 0) mit Sitzmöglichkeiten
rechts in die linke Haushälfte

16

Raum 6:
Arbeitsteilige Täterschaft

17

Raum 6
Möbel mit 51 herausnehmbaren
Flextafeln mit Beispielen zur
Beteiligungen der Institutionen
an den Verbrechenskomplexen

18

Raum 6
Möbel zu Tatbeteiligungen und
Folgen für die Teilnehmer der
Besprechung am Wannsee
(in Anlehnung an Organigramm
in Raum 3)

19

Raum 6 mit DAISY-Player und
taktiler Wabe und Bodenleitlinie
auf dem Holzparkett

20

Raum 7 zur Beteiligung der
Gesellschaft mit filigraner
Kassettendecke

21

Raum 7

22

Raum 8 zu den Auseinandersetzungen
um die »Wannsee-Konferenz«

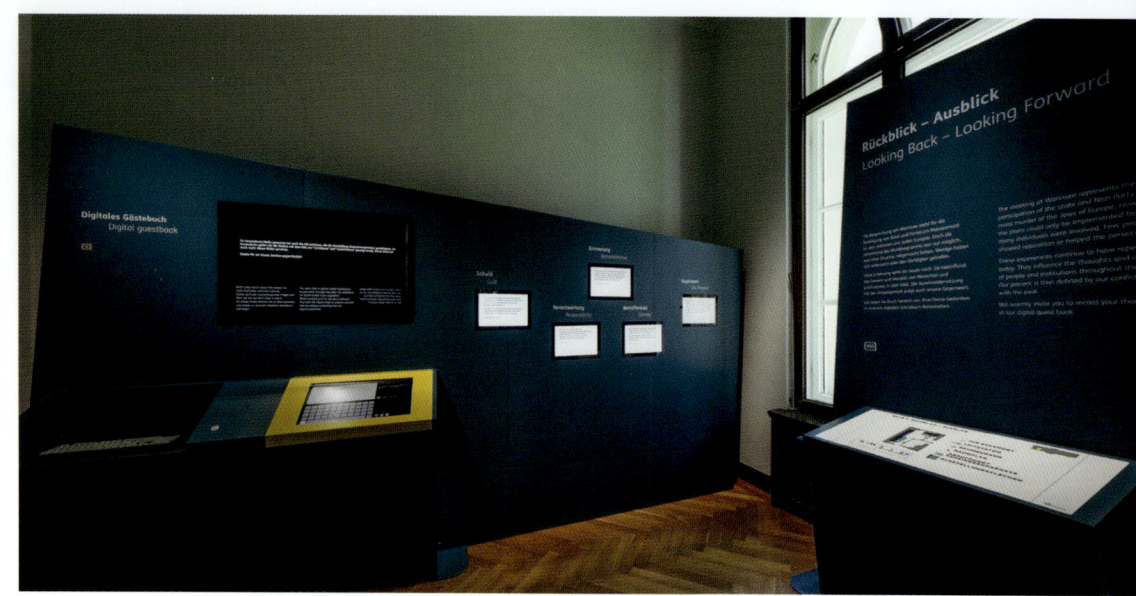

23

Raum 9 mit digitalem und
barrierearmem Gästebuch

Flur mit Verweis auf die
Joseph Wulf Bibliothek im 1. OG

Die Überlebende Éva Fahidi
während ihrer Rede zur Eröffnung
der Ausstellung am 19.1.2020
Foto: Darja Preuss und Silas Bahr

Die Überlebende Margot Friedländer
während der Eröffnung der Ausstellung
am 19.1.2020 vor der Audiostation
zu Joseph Wulf
Foto: Darja Preuss und Silas Bahr

Marian Turski (3. v. r.), Überlebender und
Mitglied des wissenschaftlichen Beirats
der GHWK, während einer ersten Führung
durch die Ausstellung zur Eröffnung am
19.1.2020, *Foto: Darja Preuss und Silas Bahr*

David Zolldan

TEILHABE INKLUSIVE?

Zur diversitätsbewussten Öffnung der Gedenk- und Bildungsstätte

»Ein nicht zu vernachlässigender Teil der Berliner*innen fühlt sich nur bedingt durch klassische Kulturangebote angesprochen. Etwas mehr als ein Drittel der Berliner*innen stimmt der Aussage zu, dass sich die meisten dieser Angebote nicht an Menschen wie sie richten würden.« [1]

In Anbetracht solcher Befunde zu Zugangsbarrieren und im Wissen um die Institutionen oft eigene Konservierung von Strukturen stellen sich folgende Fragen immer wieder neu: Wie kommunizieren Kultur- und Bildungseinrichtungen? Welche Zugänge schaffen sie? Welche Zugänge lassen sie zu? An wen richten sich ihre Angebote? Spiegeln die Angebote die gesellschaftliche Vielfalt? Welche Barrieren empfinden und erleben nicht-erreichte Personen? Und: Was braucht es daher für Veränderungen? Solche Fragen stellen sich auch seit der Eröffnung des Hauses der Wannsee-Konferenz als Gedenk- und Bildungsstätte im Jahr 1992. Die berufsgruppenspezifischen Bildungsformate sind seit Langem Aushängeschild der Angebote. Gleichzeitig verstärkte sich der Widerspruch zwischen den pädagogischen Settings, in denen der Vielfalt der Besucherschaft offen mit individuellen, lebensweltlich-orientierten Zugängen begegnet wird, und der Exklusivität des zentralen Vermittlungsinstruments, der Dauerausstellung.

---

1   Vera Allmanritter/Thomas Renz/Oliver Tewes-Schünzel/Sebastian Juhnke: Kulturelle Teilhabe in Berlin 2019. Soziodemografie und Lebensstile. Ergebnisse einer repräsentativen Bevölkerungsbefragung (Schriftenreihe Kultursoziologie des Instituts für Kulturelle Teilhabeforschung, Nr. 1), Berlin 2020, S. 23.

Die zweite Dauerausstellung (2006–2019) erlebten viele Besucher*innen als »korrekt«, aber auch »erschlagend«, »bieder« oder »trocken« und damit als weite Kreise ausschließend. Sie ging von kulturerfahrenen, thematisch-interessierten, »gesunden«, akademisch vorgebildeten Besuchenden und damit – im Sinne eines unbewussten »self-clonings« – von den Mitarbeitenden selbst aus. Dass dies aber nur bedingt das institutionelle Selbstverständnis spiegelt, machte nicht zuletzt der Wille zur Überarbeitung hin zu einer inklusiveren Dauerausstellung deutlich. Inklusion – verstanden als Versuch gleichberechtigter Teilhabe und Teilnahme am gesellschaftlichen und damit auch kulturellen Leben – sollte nun Zugänge für eine vielfältige Gesellschaft ermöglichen. Es musste daher auch über bspw. mit Alter, Sprache und körperlicher Beeinträchtigung verbundene Barrieren in allen Arbeitsbereichen des Hauses nachgedacht werden. Aus dem Selbstverständnis heraus, dass diese Analyse und Veränderung nicht ohne die Teilhabe derjenigen zu machen ist, die diese Barrieren vorfinden und damit letztlich diskriminiert werden, ist die Fokusgruppe der *Expert*innen in eigener Sache*[2] hinzugezogen worden. Auch wurden Rückmeldungen von Schulen und anderen Kooperationspartner*innen, externen wissenschaftlichen Berater*innen eingeholt und ein Fachaustausch mit israelischen Lehrkräften zu Ausstellungselementen und -narrativ durchgeführt, um zu gewährleisten, dass die Überlegungen nicht an zukünftigen Nutzer*innen vorbei gedacht würden.

Diese Art von Austausch bzw. die Abfrage von Bedürfnissen gehört in vielen Einrichtungen inzwischen zum Standard. Mit der Fokusgruppe der *Expert*innen in eigener Sache* wurde jedoch erstmals der Versuch unternommen, systematisch und von Beginn an Nicht-Besucher*innen, die dem Haus weder beruflich noch freundschaftlich verbunden waren, in den Erstellungsprozess einer Dauerausstellung partizipativ miteinzubeziehen.

---

2   Siehe den Beitrag von Hilke Groenewold und Christiane Schrübbers.

Partizipative Prozesse in Gedenkstätten

Partizipative Projekte beteiligen meist externe Personen an Entscheidungen, für deren Konsequenzen diese auch Verantwortung übernehmen.[3] So kamen eine Reihe von folgenreichen Entscheidungen zur neuen Dauerausstellung am Wannsee vorrangig durch das entsprechende Votum der Fokusgruppe zustande. Dazu zählt beispielsweise, sämtliche Ausstellungselemente – von den Raumtexten, über Faksimiles in Vitrinen bis zu den einzelnen Screen-Folien – durchgehend sichtbar nummeriert und damit für die Anwahl mit dem Audio- und Mediaguide eindeutig zuordenbar gemacht zu haben. Das damit verfolgte ambitionierte Ziel lautet, perspektivisch nicht nur die etwa 40 im Rahmen einer orientierenden Tour angelaufenen Stationen, sondern sämtliche Inhalte im Mediaguide inklusiv zugänglich zu machen und damit auch – wie die große Mehrheit anderer Ausstellungsbesucher*innen – eine eigenständige Auswahl beim Rundgang treffen zu können.

Ernstgemeinte partizipative Prozesse verschieben Entscheidungsgefüge und damit etablierte Autoritätsansprüche, da mit der Abgabe von Steuerungs-, Deutungs- und Repräsentationsmacht an Gesellschaft bzw. Communities die jeweils zugeschriebene Expertise zur Debatte steht. In diesem Sinne ist Partizipation in Bezug auf institutionelle Strukturen wie Entscheidungsgefüge, Kommunikationswege, neue Bildungsformate und Repräsentation immer etwas partiell Subversives, was auf längere Sicht zu transformativen Prozessen im Sinne der Öffnung der Einrichtung führen mag.[4]

Angebote der vorrangig kulturellen Bildung folgen dabei anderen Parametern, als sie für Orte der historisch-politischen Bildung, vor allem zum Nationalsozialismus, gelten: Eine von Laien gänzlich offen-partizipativ kuratierte Dauerausstellung an Orten der deutschen Massenverbrechen erscheint weder sinnvoll noch zulässig. Auch partizipative Kommentierungen oder Interventionen durch Besucher*innen benötigen eine Filtermöglichkeit und sind daher mit einem erhöhten redaktionellen Betreuungsaufwand verknüpft. So verwundert es kaum, dass es inzwischen vielfältige Beispiele für partizipative

3   Anja Piontek, Museum und Partizipation. Theorie und Praxis kooperativer Ausstellungsprojekte und Beteiligungsangebote, Bielefeld 2017, S. 404.

4   Ebenda, S. 417.

Vermittlungsangebote in konkreten betreuten Formaten gibt. Dazu zählen das eigene forschende Lernen mit Originalquellen, selbst entwickelte Video-clips zu Erinnerungsperspektiven oder Tandemführungen an den historischen Orten. An Orten mit umfangreicheren Sammlungen bzw. in Archiven gewinnen Crowdsourcing-Projekte erst ganz allmählich an Bedeutung.[5] Im Arbeitsbereich Ausstellen bleiben sie jedoch weiterhin experimentelle Raritäten[6] und beschränken sich bspw. auf von Schüler*innen kuratierte Wechselausstellungen[7]. Dies liegt wesentlich daran, dass Gedenkstätten – im Gegensatz zu Kunst-Galerien oder historischen Stätten wie Burgen oder Museen mit Schwerpunkten wie Archäologie oder Meteorologie – immer auch eine normative Aufladung zu eigen ist. Sie sind zwar wie historische Museen auch Orte historischer Relikte und Forschung, dabei aber auch Denkmal und häufig Friedhof bzw. Orte der Trauer, nicht zuletzt aber immer Einrichtungen der historisch-politischen Bildung, die die Erinnerung an Leid und Unrecht bewahren.[8]

Zusammen mit der ungleich größeren Rückwirkung öffentlicher Erwartungen und Diskurse werden Gedenkstätten damit zu den »politischsten Museen«[9] überhaupt. Personal, Publikum und auch Programm sind dauerhaft von Überlegungen zu »Würde« und »Pietät« geprägt. All dies hat gerade auch auf

---

5 Als beeindruckendes Beispiel sei hier das Projekt #everynamecounts der Arolsen Archives genannt, in dessen Rahmen die Freiwilligen Namen und Daten von Millionen bereits gescannter historischer Dokumente digital erfassen und sich dabei mit den Schicksalen der Verfolgten beschäftigen: https://enc.arolsen-archives.org

6 Dazu zählt auch das Konzept für das denk.mal Hannoverscher Bahnhof in Hamburg. In Teilbereiche des Dokumentationszentrums sollen Ausarbeitungen von divers zusammengesetzten Jugendgruppen integriert werden.

7 Beispielhaft für das Haus der Wannsee-Konferenz sei hier die Plakatausstellung »Schule und Erinnerung« genannt. Ein Blogbeitrag vom 28. 2. 2019 geht genauer auf das Projekt ein: https://www.ghwk.de/de/blog/plakatausstellung-schule-und-erinnerung-ein-projekt-zum-gedenktag-fuer-die-opfer-des-nationalsozialismus.

8 Siehe Gottfried Kößler, Aura und Ordnung. Zum Verhältnis von Gedenkstätte und Museum, in: Elke Gryglewski/Verena Haug/Gottfried Kößler/Thomas Lutz/Christa Schikorra (Hrsg.), Gedenkstättenpädagogik. Kontexte, Theorie und Praxis der Bildungsarbeit zu NS-Verbrechen, Berlin 2015, S. 67–81.

9 Thomas Lutz, Leiter des Gedenkstättenreferats, auf der Fachtagung »Stellung beziehen! Wie neutral sind Museen?«, Leipzig, 8.11.2018.

partizipative und inklusive Prozesse Auswirkungen: Was gehört sich dort? Für wen ist das Angebot da? Welche Rolle spielen vermeintlich sozial-erwünschtes Verhalten oder Abwehr an einem Ort, an dem es explizit um den Massenmord an den europäischen Juden geht? Wie offen spreche ich im Rahmen einer Besucher*innen-Befragung oder als Teilnehmender einer Fokusgruppe? Und wie vehement beeinflussen die genannten Bedingungen konkrete kuratorische Überlegungen, wie eine Ausstellung zum Thema aussehen kann? Wie weit kann die haptische Erfahrbarmachung als inklusive Maßnahme – abseits von Raumplänen zur Orientierung – an einem NS-Täterort wie dem Haus der Wannsee-Konferenz gehen? Können wir uns eine von bestimmten Nutzer*innen favorisierte Gestaltung mit neon-farbenen Möbeln zum Thema vorstellen?

Dauerausstellungen in Gedenkstätten sind zentrale Vermittlungsinstrumente, erfahren häufig höchste öffentliche Wahrnehmung, Einzelbesucher*innen nutzen sie auch ohne pädagogische Betreuung und ihre Präsentationsdauer umfasst oft mehr als eine Dekade. Auch aus diesen Gründen haben die genannten Parameter gerade auf ihre Gestaltung gewichtige Implikationen.

Neue Wege. Die neue Dauerausstellung als Beteiligungsprozess

Im Haus der Wannsee-Konferenz gibt es mit partizipativen Formaten in den Bereichen Forschen und Vermitteln langjährige Erfahrung. Wie kann Partizipation aber im Bereich Ausstellen in einer Einrichtung funktionieren, die über eine viel beachtete Dauerausstellung verfügt, bei limitiertem Platz im einzigen und dazu denkmalgeschützten Gebäude etwa drei Wechselausstellungen im Jahr zeigt und nicht auf eine große oder museal-anmutende eigene Sammlung zurückgreifen kann? Ansätze aus den letzten Jahren sahen kooperative Umsetzungen mit professionellen Partner*innen vor oder waren als Citizen-Science-Projekte[10] vom Aspekt der Zuarbeit geprägt. Mit der neuen

---

10   In den letzten Jahren riefen einige Projekte der GHWK zur Beteiligung durch Zusendung von Material auf. Dazu zählen die Online-Ausstellung »An Unrecht erinnern. Auf den Spuren sowjetischer Kriegsgefangener« (https://unrecht-erinnern.info/macht-mit/), die auch bereits konkrete Zuarbeiten zu Biografien von sowjetischen Kriegsgefangenen auf der Webseite integriert, oder der Sammelaufruf zu fotografischen Zeugnissen der Deportationen aus Berlin (https://www.ghwk.de/de/blog/sammelaufruf-deportationen-berlin). Ein anderer Sammelaufruf (https://onlinesammlungen.ghwk.de/seeliger/participate/) mündete in der Online-Ausstellung »Stumme Zeugnisse 1939« (https://onlinesammlungen.ghwk.de/stummezeugnisse/).

Dauerausstellung ging das Haus der Wannsee-Konferenz jedoch letztlich einen innerhalb der Gedenkstättenlandschaft untypischen Weg: Im Bewusstsein, dass Form und Inhalt nicht trennscharf sein konnten, wurde eine Gruppe von *Expert*innen in eigener Sache* als entscheidungsrelevantes Gremium zur Mitwirkung an einer inklusiveren Ausstellung noch vor Fertigstellung des Grobkonzepts eingebunden. Partizipation bezog sich in dem folgenden dreijährigen Prozess vor allem auf die Präsentation und konkrete Zugänge und weniger auf eine dauerhafte Mitarbeit an der Erarbeitung des inhaltlichen Gesamtnarrativs oder der umfänglichen Exponatauswahl: Die neue Dauerausstellung am Wannsee sollte möglichst alle Besucher*innen willkommen heißen – nicht im Sinne einer Wohlfühl-Erfahrung beim Bedenken der Inhalte, sondern im Sinne der Zugänglichkeit des Angebots für alle Interessierten.[11]

Im Prozessverlauf wirkten insgesamt zehn Personen als Repräsentant*innen der Felder Sehen, Hören, Bewegen, Verstehen und Empfinden sowie drei Begleiter*innen auf barrierefreie Lösungen hin. Klassische Aspekte wie Orientierungshilfen im Haus, der Sprachduktus, das Farbkonzept, welches beispielsweise die Bedarfe für möglichst hohe Kontraste bei gleichzeitiger Vermeidung von zu starken Signalfarben als Paniktrigger, aber auch Denkmalschutzvorgaben und ästhetische Aspekte integrieren musste, zählten ebenso zu ihren Aufgabenbereichen wie im Baudenkmal umsetzbare Hörhilfen. Die Gruppe der *Expert*innen in eigener Sache* widmete sich jedoch auch abstrakteren Fragen nach der Sichtbarkeit inklusiver Ansätze und legte vor diesem Hintergrund auch die Aufnahme einer Rubrik »Inklusion« im Hauptmenü der neuen Webseite nahe oder half bei der Konzeption neuer Feedback-Möglichkeiten wie dem digitalen, inklusiven Gästebuch am Ende der Ausstellung. Sie regte darüber hinaus eine veränderte Bewerbung des späteren Angebots über Verbandszeitschriften und Newsletter oder Zertifizierungssysteme[12] an und half schließlich bei Schulungen des Personals zu Diversität und Bedarfen möglicher neuer Besucher*innen.

---

11 Empfohlen ist der Ausstellungsbesuch möglichst erst ab 14 Jahren.

12 Zum Beispiel www.reisen-fuer-alle.de.

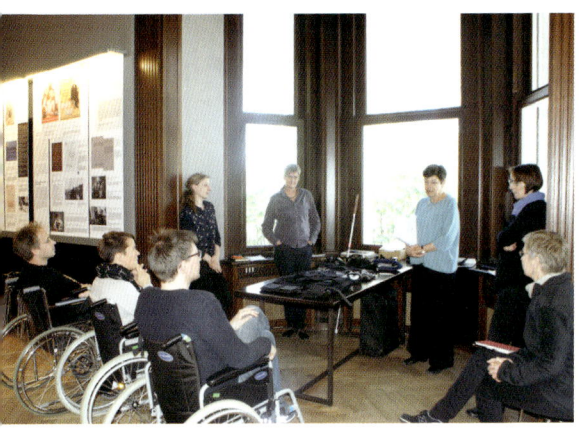

Die Kurator*innen bei einem Sensibilisierungs-Workshop zu Barrieren in der zweiten Dauerausstellung, März 2017, *Foto: GWHK*

Schnell handelte die Gruppe auch als eine Auswahl von durchschnittlichen Nicht-Besucher*innen und identifizierte so Barrieren, die nicht nur mit der Spezifik ihrer Einschränkung, sondern bspw. auch mit ihrer jeweiligen Alterserfahrung zu tun hatten – wie in Bezug auf Screendesigns und Mediengewohnheiten. So war die Höreinschränkung einer Teilnehmerin kaum ausschlaggebend für ihre Vorschläge für eine intuitivere Navigation durch Vereinfachung der Button-Symbole und deren Anordnung. Damit stellte sich erneut auch die Frage, ob es im Sinne der verbesserten Zugänglichkeit wohl nur konsequent und sinnvoll gewesen wäre, noch mindestens ein bis zwei weitere Fokusgruppen hinzuzuziehen, um die Repräsentation und Teilnahme eines noch diverseren Spektrums bspw. in Bezug auf Migrationsgeschichte zu gewährleisten. Hier stoßen Einrichtungen jedoch nicht zuletzt aufgrund begrenzter finanzieller und vor allem zeitlicher Ressourcen für die dafür nötige vertrauensvolle Beziehungsarbeit schnell an ihre Grenzen. Dieses Dilemma ließe sich womöglich durch eine stärkere Berücksichtigung von Intersektionalität bei der Auswahl der Teilnehmer*innen abfedern.

Befürchtungen und Vorteile

In der Kombination aus Infragestellung etablierter Autoritätsansprüche und Entscheidungsgefüge sowie normativer Rahmung von historisch-politischen Bildungseinrichtungen können sich allgemeine Bedenken gegenüber partizipativen Inklusionsprozessen in Kultureinrichtungen verstärken. Dazu zählen die Sorge, die eigene Bedeutung zu unterminieren, Stammpublikum bzw. Hauptzielgruppen zu verlieren und die Befürchtung einer Deprofessionalisierung, die in Niveaulosigkeit, Qualitätsverlust, inhaltlicher Verflachung bzw. historischer Verfälschung mündet. Auch am Haus der Wannsee-Konferenz war dies

manchmal zu spüren. Dabei wird die Frage, ob vor allem akademisch vorgebildete und nicht selten nach Distinktion suchende Besucher*innen als Stammpublikum niederschwelligere Angebote wie zum Beispiel Texte in verständ-
licherer Sprache als gemeinsamen Nenner akzeptieren und womöglich auch
wertschätzen können, häufig ignoriert oder ausgeblendet. Doch letztlich trägt
jede Einrichtung vor allem auch Verantwortung dafür, allen Ausstellungsbesucher*innen einen qualitativ hochwertigen und inhaltlich korrekten Besuch zu
ermöglichen. Daran anknüpfend scheint es lohnend, die Denkrichtung umzu-
kehren und, ausgehend vom gemeinsamen Nenner einer inklusiveren, d. h. in
diesem Fall auch reduzierten und vereinfachten Ausstellung, für ein vielfältiges
Publikum komplexere und vertiefende Angebote zu machen. Ähnlich sinnvoll wäre es, gleichzeitig über den möglichen Mangel an empirisch-basierter
Analyse und die Grenzen unseres Erfahrungswissens nachzudenken: Wieviel
wissen wir wirklich über unser Publikum und deren Befürchtungen vor Verflachung? Auf wen trifft es zu? Auf wen wird es projiziert?

Die Sorge, durch einen partizipativen und inklusiven Prozess an der eigenen beruflichen Abschaffung mitzuwirken, scheint auf einem Missverständnis
zu basieren: Partizipative Prozesse lösen die spezifische Expertise der Mitarbeiter*innen, etwa der Kurator*innen, nicht auf. Vielmehr soll sie durch die
Anerkennung der Expertise anderer ergänzt werden. Und auch für die Teilnehmer*innen besteht ein wesentlicher Reiz von Partizipation oft darin, mit
im jeweiligen Fachbereich anerkannten Expert*innen zusammenarbeiten zu
können.[13] Partizipative Ausstellungsprojekte basieren geradezu auch auf der
Expertise der Einrichtungen in professioneller Planung, Umsetzung und Gestaltung von Ausstellungen und Vermittlungsmedien. Der Beteiligungsprozess
zur neuen Dauerausstellung im Haus der Wannsee-Konferenz bestätigt dazu
die Einschätzung, wonach die Teilnehmenden die nötige Ernsthaftigkeit an
den Tag legen, »je umfänglicher und zugleich weniger spontan ein Partizipa-
tionsangebot angelegt ist«[14] – zum Beispiel durch persönliche Bekanntschaft
mit dem Team der Gedenk- und Bildungsstätte, als Repräsentant*in eines
bestimmten Feldes oder des eigenen Vereins/Verbandes, gepaart mit

---

13 Piontek, Museum und Partizipation, S. 426.

14 Ebenda, S. 429.

namentlich oder gar bildlicher öffentlicher Wahrnehmbarkeit als Teil des Projektteams.

Gegenüber den meist zu entkräftenden Bedenken lassen sich viele Vorteile der direkten Mitsprache von potenziellen Nutzer*innen erkennen. So können Einrichtungen im inklusiven Sinne (Kompromiss-)Lösungen abseits oder ohne bestehende DIN-Norm erarbeiten bzw. ein Korrektiv für diese finden, vom Insiderwissen wie Firmenkontakten und -erfahrungen sowie einer verbesserten Ansprache bislang unterrepräsentierter Besucher*innengruppen profitieren und damit – im Fall von öffentlichen Einrichtungen – letztlich ihren Auftrag zur Breitenbildung besser erfüllen. Mitwirkende in partizipativen Projekten arbeiten – wie am Wannsee – an einer größeren Reichweite für inklusives Verständnis mit und profitieren wiederum nicht selten von erweitertem Methodenwissen, professioneller Recherche sowie Gestaltungs- und Projektmanagement-Erfahrung.

Experiment oder neue Selbstverständlichkeit?

Die neue Ausstellung wurde nach außen zu einem Pilotprojekt innerhalb der Gedenkstättenlandschaft und nach innen zu einem Testfall für die diversitätsbewusste Öffnung des Hauses. Ein wichtiger Indikator für die Frage nach dem Erfolg des Projekts sind die Besuchererhebungsdaten, die im Rahmen des Kulturmonitoring-Programms (KulMon) gewonnen werden. Gegenüber der Zeit vor der Eröffnung der neuen Dauerausstellung mit all ihren Begleitprodukten wie dem neu gestalteten Eingangsbereich ist die Zufriedenheit der mittlerweile knapp 1000 Befragten – vorrangig Einzelbesucher*innen – mit dem Service am Einlass, der Webseite oder der Barrierefreiheit in und um das Haus nachweislich gestiegen. Bezüglich des Umfangs der Ausstellung, der Orientierung in ihr, der Ausstellungstexte sowie der Atmosphäre und der Gestaltung der Ausstellung zeigt sich sogar ein deutlich verbesserter Zuspruch. Dabei braucht nicht an der Illusion gearbeitet werden, auch alle Facetten von Nicht-Besucher*innen mit der Einrichtung in Austausch bringen zu können. Ein Teil wird nicht zuletzt aufgrund von persönlichen Gründen nicht willens sein: Faktoren wie bspw. der Grad an Freizeit und finanzielle Mittel oder auch fehlende Begleitpersonen sind kaum durch Kultureinrichtungen aufzufangen.

Dazu kann und soll auch die mit dem Thema verknüpfte normative Aufladung nicht erodieren, um Besucher*innen ein ›Wohlfühlerlebnis‹ zu ermöglichen. Dagegen scheint es lohnenswert und notwendig, sich den oft (mit-)beinflussbaren Faktoren wie inhaltlicher und sprachlicher Diversität der Angebote, angepassten Öffnungszeiten, aber auch der Vereinfachung der Anreise, Barrierefreiheit oder den veränderten Kommunikationskanälen zu widmen. Ausgehend von solchen eher klassischen Maßnahmen des Audience Development – der Ansprache eines neuen Publikums – wird sich der Blick aber auf die konzeptionelle Arbeit richten müssen und bei einer aktiven Einbindung von bislang unterrepräsentierten Gruppen dabei unweigerlich auf die eigenen Strukturen gelenkt werden. Denn auch, wenn ernst gemeinte partizipative Projekte die Tendenz haben, Entscheidungsgefüge zu hinterfragen, über Repräsentationsansprüche nachdenken zu lassen und institutionelle Strukturen zu prüfen, so droht ihnen womöglich gerade auch im Bewusst-Werden dieses Potenzials nicht selten ein überschaubares Leuchtturm-Dasein.

Damit stellt sich die Frage, wie solche Ansätze weniger abhängig von Umständen wie konkreten personellen Konstellationen oder Projektförderungen verstetigt werden können. Nachhaltig kann ein Anspruch auf eine weitere diversitätsbewusste Öffnung, wie er mit der neuen Dauerausstellung am Wannsee begonnen wurde, wohl nur bestehen, wenn er zukünftig als Querschnittsaufgabe des gesamten Hauses gesehen wird und von der Veranstaltungsorganisation, der Ergänzung eher technisch-infrastruktureller Inklusionsmaßnahmen durch Selbstrepräsentation in der Vermittlung und konzeptionelle Beteiligungsformate bis hin zu den Stellenausschreibungen auch gelebt wird. Das Haus scheint dafür auf einem guten Weg.

———

Empfehlungen

- Ohne überzeugte Leitungsebene geht es nicht. Diese sollte beharrlich bereit sein, im Konfliktfall zu vermitteln und im Zweifel auch unkonventionelle Lösungen durchzusetzen.

- Die strukturelle Verankerung eines Diversitätsverständnisses durch eine Organisationsentwicklung oder ein (gelebtes) Leitbild kann hilfreich sein.

- Es bedarf einer kontinuierlich arbeitenden Ansprechperson für Fragen der Zugänglichkeit, die solche Prozesse koordiniert und Positionen der Partizipierenden anwaltschaftlich nach innen vertritt.

- Repräsentation von Diversität sollte nicht nur mit Blick auf Publikum und Programm, sondern auch auf das Personal verfolgt werden.

- Nutzer*innen mit entscheidenden Akteur*innen (Verwaltung, Restaurator etc.) bekanntzumachen, kann gewinnbringender sein als jedes wohlüberlegte Argument oder der Verweis auf rechtliche Bestimmungen.

- Barrierefreiheit und Inklusion sollten so konkret wie möglich in allen Ausschreibungen fixiert werden. (Beispiel: zu erfüllende DIN-Normen benennen, Mindestpunktzahl für BITV-Test definieren, Zusammenarbeit mit eventueller Fokusgruppe festschreiben etc.)

Hilke Groenewold
Christiane Schrübbers

FOKUSGRUPPEN-ARBEIT

Die Begleitung der Ausstellungsplanung

Seitdem Deutschland die UN-Behindertenrechtskonvention ratifiziert hat und seine Verpflichtung zur regelmäßigen Berichterstattung erfüllt, ist die Beachtung von Menschen mit Behinderung politisch und gesellschaftlich deutlich größer geworden. Auch ihre Verbände treten verstärkt als Partner in diesem Prozess in Erscheinung. So hat sich das Zusammenspiel der Akteur*innen intensiviert und professionalisiert. In unserem Projekt, der neuen Dauerausstellung in der Gedenk- und Bildungsstätte Haus der Wannsee-Konferenz, sind wir einen Schritt weiter gegangen und haben eine Fokusgruppe zusammengestellt, die möglichst alle Bedarfe abdecken konnte, die aus körperlichen, geistigen, seelischen wie auch Sinnes-Behinderungen entstehen, und die aus ihrem persönlichen und Verbands-Wissen beraten und mitplanen sollte.

Diese Gruppe sollte von Beginn an an der Erstellung der Ausstellung beteiligt sein. Grundlage unserer Suche war die »Checkliste zur Konzeption und Gestaltung barrierefreier Ausstellungen« des Landesverbands der Museen zu Berlin e.V. (LMB) von 2011.[1] Darin werden vier Felder benannt: Bewegen, Sehen, Hören und Verstehen. Für unser Projekt war es besonders wichtig, ein fünftes Feld, »Empfinden«, hinzuzufügen, das Menschen mit Psychiatrieerfahrung umfasst. Sie haben bisher in solchen partizipativen Prozessen wenig Beteiligung erfahren, sind aber gerade im Kontext dieser Ausstellung von großer Bedeutung.

---

1   https://www.lmb.museum/de/fach-und-arbeitsgruppen/ag-barrierefreiheit-ausstellungen/
barrierefreiheit

In einem Brief an die Berliner Landesverbände von Menschen mit Behinderung, die auch auf Bundesebene Hauptakteure sind, stellten wir das Projekt vor und formulierten unseren Wunsch nach Unterstützung durch *Expert*innen in eigener Sache.*

Unsere zukünftigen Mitarbeiter*innen sollten das Konzept und die Gestaltung der Ausstellung begutachten und bei der Wahl der Mittel zur Herstellung von Barrierefreiheit beraten. Sie sollten gerne in Ausstellungen gehen und an dem Thema Nationalsozialismus interessiert sein. Außerdem sollten sie nicht nur für sich persönlich, sondern stellvertretend für die Interessen der Communities sprechen und ebenso an behinderungsübergreifenden Lösungen interessiert sein. Eine Aufwandsentschädigung für ihre Mitarbeit wurde zugesichert.

Das Gremium der *Expert*innen in eigener Sache* (EieS) bestand aus:

- Fritz-Bernd Kneisel und Andrea Mattern vom Schwerhörigen-Verein Berlin e. V. (SVB),
- Sabine Graudenz von der Arbeitsgemeinschaft für selbstbestimmtes Leben schwerstbehinderter Menschen e. V. (ASL), Rollstuhlnutzerin mit großer Einschränkung der Bewegung von Händen und Armen,
- Andreas Krüger und der blinden Anja Winter vom Allgemeinen Blinden- und Sehbehindertenverein Berlin e. V. (ABSV),
- Thomas Zander vom Gehörlosenverband Berlin e. V. (GVB),
- Andreas Liebke von der Berliner Organisation Psychiatrie-Erfahrener und Psychiatrie-Betroffener e. V. (BOP&P),
- Mario Herschel von der Lebenshilfe Berlin e. V. und später noch Cordula Schürmann und C. Pargmann von der Gesellschaft für teilhabeorientiertes Qualitätsmanagement GmbH (GETEQ).

Der berufliche Status der Einzelnen war sehr unterschiedlich: verrentet, freiberuflich, im geschützten Arbeitsbereich und auf dem ersten Arbeitsmarkt tätig. Die Höhe der Aufwandsentschädigung wurde entsprechend sehr unterschiedlich von den EieS bewertet. Die gezahlten 25€ pro Stunde orientierten sich an in der Vergangenheit üblichen Aufwandsentschädigungen für Personen ohne akademischen Abschluss. Große Sorgfalt muss man darauf verwenden, dass dieses Honorar auch bei den Empfangenden verbleiben kann und nicht an die alimentierende Stelle des Staates abgegeben werden muss. Je nach Status der Empfangenden kann das aufwendig sein und muss offen besprochen werden.

Workshops, Schulungen und Trainings

Die Gruppe der EieS hat insgesamt zwölfmal in gemeinsamen Workshops getagt. Die Sitzungen fanden teils am Wannsee, teils an anderen Orten zwischen Juni 2017 und Oktober 2019 statt. Außerdem gab es mit einzelnen Mitgliedern gesonderte Treffen, um behinderungsspezifische Fragen detailliert zu besprechen, wie zum Beispiel die Zuwegung zum Haus für die Blinden und Sehbehinderten oder die Verteilung der Monitore mit Gebärdenvideos für die Gehörlosen. Vorrangig war das Ziel der Gruppe, ein Design for All herzustellen. Dazu mussten in einigen Fällen Kompromisse ausgehandelt und akzeptiert werden. Diese waren aber wenige; in der Mehrheit hat sich gezeigt, dass ein behinderungsübergreifendes Erarbeiten von Konzeption und Gestaltung der Ausstellung, das gemeinsam und von Anfang an geschieht, kaum »Reibungsflächen« zurücklässt.

In den ersten beiden Workshops[2] (Juni und September 2017) stand das Kennenlernen der Institution, der Mitarbeiter*innen der Gedenkstätte einerseits und des Gremiums »EieS« andererseits im Vordergrund. Es galt auszuloten, wie, wann und wo wir zusammenfinden (die Anfahrt, die Tageszeit, der Raum, die Verpflegung) und wie wir zusammen arbeiten (Assistenzen, Diskussionsregeln, Materialien behinderungsspezifisch aufbereiten, Verständigung im Mehr-Sinne-Prinzip). Zudem lernten die EieS die vorhandene Ausstellung kennen und erfuhren, wie der gemeinsame Arbeitsprozess geplant war. Die Kurator*innen stellten das Grobkonzept der Ausstellung mit den geplanten Maßnahmen zur Barrierefreiheit vor und diskutierten es mit den EieS in zwei Kleingruppen. Schon beim ersten Treffen wurde festgelegt, dass die Ausstellungstexte weder in wissenschaftlicher noch in Leichter Sprache, sondern in einfacher Sprache

---

2   Inhalt und Verlauf der Workshops werden detailliert im Anhang zum Beitrag »Die Fokusgruppe im Gespräch« abgebildet.

3   Text des Vertrags siehe Anhang zum Beitrag »Die Fokusgruppe im Gespräch«, S. 170.

Die *Expert*innen in eigener Sache* am 14.11.2017, Gedenkstätte Deutscher Widerstand in Berlin, *Foto: GHWK*

(später ›verständlicher Sprache‹) verfasst werden sollten. Außerdem wurden die Grundlagen der Zusammenarbeit schriftlich festgelegt.³

Im dritten und im fünften Workshop (November 2017 und Juli 2018) hat eine Mitarbeiterin der Bildungsabteilung die Expert*innen inhaltlich in das Thema eingeführt. Im November ging es um die Stufen der Verfolgung und Vernichtung der europäischen Jüdinnen und Juden und im Juli um das zentrale Exponat der Ausstellung: das Protokoll der Wannsee-Konferenz vom 20. Januar 1942. So erhielten die EieS mehr historisch-politisches Kontextwissen und somit auch mehr Partizipations-Möglichkeit zu den Ausstellungsinhalten.

Im vierten Workshop (April 2018) hat die Projektleitung den Expert*innen Grundideen der Entwürfe aus dem Gestaltungswettbewerb vorgestellt. Die Fokusgruppe wählte nach einer gemeinsamen Bewertung am Ende die Arbeit aus, die dem Thema Barrierefreiheit in der Ausstellung den Vorrang gab. Im Nachgang hat die Projektleitung, auch in Abstimmung mit den Moderatorinnen für Barrierefreiheit, doch die bei den EieS zweitplatzierte Wettbewerbsarbeit von Franke | Steinert ausgewählt, die insgesamt eine hohe Sensibilität für die drei Themen Wannsee-Konferenz, Denkmalschutz und Barrierefreiheit aufwies.

Im sechsten Workshop (September 2018) lernten die EieS das überarbeitete Grobkonzept der neuen Ausstellung kennen und im siebten (November 2018) das Feinkonzept. Hauptpunkte waren das Leitsystem in der Ausstellung und im Außenbereich, Fragen zu taktilen Elementen, behinderungsspezifischen Exponat-Gruppen und zur Form des Empfangsmöbels.

Im Januar 2019 besuchten wir zusammen mit unseren Gestaltern das Anne Frank Zentrum in Berlin. Die kurz zuvor eröffnete überarbeitete Ausstellung war ebenfalls von unserem Gestaltungsbüro erarbeitet worden.

Sie weist ebenfalls diverse inklusive Elemente auf: Verständliche Sprache, Audioguide-Touren in Leichter Sprache und für blinde Besucher*innen, Tastmodelle und DIN-Norm-gerechte Möbelhöhen. Vor allem diese Elemente wurden im Rahmen eines Ausstellungs-Checks gemeinsam evaluiert, um den Gestalter*innen ein Feedback zu ihrer Arbeit geben zu können. Der Besuch war damit auch eine wertvolle Ergänzung der Expertise für alle, um im folgenden Workshop (März 2019) Modelle der Ausstellungs-Möbel und der Texttafeln für die Ausstellung am Wannsee zu begutachten.

Im zehnten Workshop (Juni 2019) wurden der Audioguide, der Mediaguide und die Designs der Monitore in der Ausstellung vorgestellt und bewertet.[4]

Die Reihe der Workshops vor der Eröffnung der Ausstellung wurde im Oktober 2019 mit dem Thema Website abgeschlossen. Der Aufbau der Website im responsiven Design wurde insbesondere in Hinblick auf die Angebote zur Barrierefreiheit vorgestellt und diskutiert. So legte die Runde fest, dass das Thema Inklusion als Hauptmenüpunkt stets prominent sichtbar ist.

Bevor die Arbeit mit den EieS begann, konnten wir mit den Kurator*innen und der Projektleitung – mit insgesamt acht Personen – ein Sensibilisierungstraining zur Rezeption einer gebauten Ausstellung durchführen (März 2017). Dafür standen zwei Standard-Rollstühle zur Verfügung, ein Alters-Simulations-Anzug, zwei Garnituren Langstock und Dunkelbrille sowie mehrere Brillen, die den Träger*innen verschiedene Augenkrankheiten wie Grauer Star und Makula-Degeneration simulieren. Diese Hilfsmittel stammten teilweise vom Deutschen Blinden- und Sehbehindertenverband e. V., ein anderer Teil wurde bspw. beim Deutschen Roten Kreuz gemietet. Die vorhandene alte Ausstellung der Gedenkstätte war für die Erfahrung ein gutes Terrain. Wesentliche Merkmale der Gestaltung und Konzeption konnten die Teilnehmer*innen auf diese Weise körperlich erfahren und Mängel in Bezug auf Barrierefreiheit identifizieren.

Mit derselben Gruppe haben wir einen zweiten Workshop zu Leichter und einfacher Sprache durchgeführt (Mai 2017). Die Absicht war, Entscheidungsgrundlagen für die Sprache in der zukünftigen Ausstellung zu bilden und erste Kriterien festzulegen.

---

4 Siehe hierzu auch den Beitrag von Vera Franke.

Kurz vor und kurz nach Eröffnung der Ausstellung haben wir im Januar und Februar 2020 die festen und freien Mitarbeiter*innen des Hauses in die Thematik der Barrierefreiheit eingeführt.[5] Sie konnten danach die neue Ausstellung mit all ihren Elementen untersuchen. Im abschließenden Brainstorming trugen sie dann zusammen, welche Unterstützung sie sich wünschen, um ihre Aufgaben im Hinblick auf Barrierefreiheit besser erfüllen zu können.

Arbeitsweise in den Workshops mit den *Expert*innen in eigener Sache*

Im Vorfeld eines Workshops mit der Fokusgruppe waren viele Dinge zu klären, zu organisieren und zu kommunizieren. Die Terminplanung stellte sich zuweilen als sehr kompliziert dar. Wegen der stärkeren beruflichen Einbindung mancher EieS und zu organisierenden Assistenzen, wie z. B. DGS-Dolmetscher, hätten zu manchen Veranstaltungen die Vorlaufzeiten und die möglichen Abstimmungszeiten zu den geplanten Terminen länger sein müssen. Der Termin sollte sechs Wochen vor dem Treffen feststehen; er sollte dann möglichst nicht verschoben werden, weil die Lebenssituation der EieS eine höhere Verbindlichkeit der Absprachen verlangt. Die Rentner*innen unter den Expert*innen können über ihren Zeitplan allein entscheiden, die Selbstständigen werden konkurrierende Termine abwägen und entschärfen, die Angestellten müssen Urlaub beantragen, wenn es keine Kooperation zwischen der Gedenkstätte und ihrem Arbeitgeber im Sinne einer kollegialen Unterstützung oder Amtshilfe gibt; wer in einer betreuten Werkstatt arbeitet, muss ebenfalls um Freistellung bitten, und es müssen evtl. Begleitpersonen/Assistenzen organisiert werden. Unsere Workshops begannen immer um die Mittagszeit, um den verschiedenen Tagesplänen kompromissartig möglichst gerecht zu werden.

Der Ort muss auf seine Barrierefreiheit und seine gute Akustik geprüft werden und darauf, ob er mit öffentlichen Nahverkehrsmitteln und als Fußweg über Straßenland einfach und gefahrlos zu erreichen ist. Die Gedenkstätte liegt am südlichen Stadtrand von Berlin. Weil allein die Anreise aus der Stadtmitte zur Gedenkstätte viel Zeit in Anspruch nimmt und wegen des hohen Besuchsaufkommens öfters kein geeigneter Raum für die Gruppe frei

---

5   Dazu gehörten die Mitarbeiter*innen von Verwaltung, Bibliothek, Facility Management, Besucherdienst, Empfang und die Vermittler*innen der Bildungsabteilung.

war, trafen wir uns zu manchen Terminen in der Stadt. Das bedeutete für die seheingeschränkten Personen und die Menschen mit Lernschwierigkeiten einen erhöhten Aufwand entweder an Assistenz oder die Suche nach einer Begleitung für den unbekannten Weg.

Mögliche Verpflegung/Getränke und Snacks sollten vorzugsweise vor Sitzungsbeginn aufgestellt sein, um Störungen zu vermeiden. Gehörlose Teilnehmer*innen benötigen bei längeren Sitzungen zwei Gebärdensprachdolmetscher*innen, die aufgrund ihrer Positionierung im Raum und des erforderlichen Blickkontakts zur gehörlosen Person das Arrangement von Technik und Tischen beeinflussen. Vor der Anschaffung einer eigenen FM-Anlage mit Induktionsschleifen zum Umhängen (Halsringschleifen) durch die GHWK stellte der Schwerhörigen-Verein Berlin eine mobile induktive Höranlage zur Verfügung. So hatten wir anfangs nur ein Mikrofon, später zwei. Wenn nur ein Mikrofon zur Verfügung steht, ist es sinnvoll, eine Assistenz einzubinden, die das Mikrofon von Sprecher zu Sprecher trägt. Das ist besonders wichtig bei größeren Gruppen, die ohne Assistenz das Mikrofon durch die Reihe reichen, bis es beim nächsten Sprecher, der nächsten Sprecherin angekommen ist. Die Assistenz dagegen kann diesen Transportweg abkürzen, wodurch alle deutlich Zeit gewinnen. Sie hilft damit ebenso den Gebärdendolmetscher*innen beim Gebärden von Rückfragen wie auch Personen, die aufgrund einer Bewegungseinschränkung der Arme und Hände das Mikrofon nicht halten können.

Die Unterlagen müssen für die sehbehinderten Teilnehmer*innen in Großdruck bereitliegen, die übliche Powerpoint-Präsentation ist für die sehbehinderten und blinden Teilnehmer *innen ausführlich zu beschreiben und vorzugsweise im Vorfeld digital zuzusenden. Jedes Treffen begann mit einer kurzen Vorstellungsrunde (»Hallo-Runde«), so konnten die blinden und sehgeschädigten Teilnehmer*innen erfahren, wer anwesend war und wo saß, und so eine Vorstellung von der Größe und Qualität des Raumes gewinnen. Und in der Folge der Diskussion sagte jeder zuerst seinen Namen, damit die seheingeschränkten Personen den Redebeitrag zuordnen konnten.

Texte müssen in einfacher Sprache verfasst sein; alle müssen in einfacher Sprache sprechen. Da spätestens beim zweiten Workshop offensichtlich wurde, wie wissenschaftlich und schwer die verwendete Sprache war,[6] wurde anschließend die Karte »Halt! Leichte Sprache!«[7] benutzt. Wer darauf hinweisen will, dass die Sprache gerade schwer ist und nicht für alle verständlich, hält sie hoch. Wir haben die Karte oft oben gesehen, aber meist von Menschen, die häufig selbst schwere Sprache sprechen. Es galt also für die EieS immer mal wieder, den Einspruch zu trainieren. Die Expert*innen mit Lernschwierigkeiten haben diese nicht verwendet, die jüngere Vertreterin fragte lieber direkt nach.

Normen

Für barrierefreie Ausstellungen gibt es keine eigene DIN-Norm. Die bestehenden Normen, die übertragen werden sollten, umfassen barrierefreie öffentliche Gebäude, Bodenindikatoren, Kontraste und Schriftgrößen, Leserlichkeit von Schriften, taktile Schriften u. a. Gegenwärtig wird ein DIN-Fachbericht zur »Leichten deutschen Sprache« erarbeitet.[8] Für barrierefreie Webseiten und Apps sind ebenso einschlägige Normen vorhanden. Als sehr hilfreich für die Grafik der Ausstellung erwies sich die Internetseite www.leserlich.info. Diese informiert auf der Basis von DIN-Normen sehr anschaulich über die Leserlichkeit von Schriften, die notwendigen Schriftgrößen und visuellen Kontraste und bietet hierzu für Planer*innen hilfreiche Tools an.

Für diese Ausstellung galt es, vor allem im Spannungsfeld zwischen Denkmalschutz und Barrierefreiheit, gute Lösungen zu erarbeiten. Es gab mehrere Abstimmungsrunden zwischen Projektleitung, Unterer Denkmalschutzbehörde und Landesdenkmalamt, dem Immobiliendienstleister des Landes Berlin und dem Gestaltungsbüro. Insgesamt ist trotz denkmalschützender Vorgaben eine weitestgehend an den Normen zur Barrierefreiheit orientierte, vorbildliche und ästhetisch herausragende Ausstellungsgestaltung gelungen. Dabei kam es der

---

6 Zum Beispiel Eigennamen wie Reichssicherheitshauptamt (RSHA) bzw. Abkürzungen wie SD für Sicherheitsdienst, GG für Generalgouvernement etc.

7 Kopiervorlage der Karte siehe S. 144.

8 Die DIN SPEC 33429 Empfehlungen für Deutsche Leichte Sprache soll Ende 2022 erscheinen.

Ausstellungsgestaltung zugute, dass die Norm zu den Bodenindikatoren bei der Umsetzung im Innenraum einen gewissen Spielraum lässt und die Denkmalschutzbehörde diesem Eingriff so zustimmen konnte. Zwei Türdurchgänge konnten aus konservatorischen Gründen nicht auf das rollstuhlgerechte Normmaß erweitert werden. Diese sind aber für den Großteil der Rollstuhlnutzenden ausreichend breit. Der Verbreiterung des wichtigen Durchgangs zwischen »Konferenz-Raum« und ehemaliger Küche (Raum 2 zu Raum 3) wurde dennoch zugestimmt. Die normativ festgelegte Mindesthöhe für die Unterfahrbarkeit der Ausstellungsmöbel erwies sich für die rollstuhlnutzende Expertin als zu niedrig und wurde auf ihre Bedarfe angepasst. Damit sind die Möbel nun für einen noch größeren Kreis von Besucher*innen nutzbar.

Wo war die Hilfe besonders wichtig und wo war sie schwierig umzusetzen?

Die Fokusgruppe war besonders wichtig, um Menschen mit Behinderung, die oft nicht wahrgenommen werden, sichtbar zu machen. Durch diese Mitarbeit hatten die Kurator*innen und die Projektleitung der GHWK Gelegenheit, die Bedarfe, aber auch die persönlichen Geschichten von jedem Einzelnen, jeder Einzelnen kennenzulernen. Die Gruppe war von großer Bedeutung, wenn es um Entscheidungen bezüglich der Gestaltung ging. Das reichte von der Auswahl der Tastmedien und Schriftgrößen, von Kontrasten der Wandtexte und der Gestaltung bis zu den zusätzlichen Medien wie Multimediaguide und neue Website. Auch der vehementen Forderung nach Untertiteln sämtlicher gesprochener Texte in der Ausstellung verschafften sie Gehör. Generell wurde stets mit den EieS diskutiert, ob das gewählte Mittel das geeignete sei. Mit den blinden und sehbehinderten Expert*innen wurde entschieden, die Brailleschrift parallel zur erhabenen Profilschrift auf den taktilen Modellen zu verwenden und alle zusätzlichen Informationen akustisch über den Mediaguide zugänglich zu machen. Nach und nach ist die Zusammenarbeit der *Expert*innen in eigener Sache* untereinander immer mehr zu einem rücksichtsvollen, auf die Bedürfnisse der anderen achtenden Gebilde geworden.

Anfangs dachten wir, dass die EieS sich auch in das Ausstellungsnarrativ einbringen würden. Es erwies sich aber, dass sie sich auf die fachliche Expertise der Wissenschaftler*innen, Kurator*innen und der Leitung des Hauses bei der Vorstellung und Weiterentwicklung der Konzepte der Ausstellung verließen. Jedoch beteiligte sich die Gruppe an der Frage, in welcher Form Ausstellungsexponate angemessen vermittelt werden könnten, unmittelbar. Das Interesse der EieS galt primär den Möglichkeiten der umfassenden Zugänglichmachung der Inhalte der Ausstellung.

Gegen Ende des Prozesses, als die Gestalter*innen beauftragt waren, wurde die Beteiligung an der Ausstellungsgestaltung zunehmend in kleinen Runden mit den direkt Betroffenen diskutiert. Die Entscheidungsebenen für die Gestaltenden wurden auf einmal so vielfältig und geschahen in einem sehr engen Zeitkorridor. Nach dem Besuch des Anne Frank Zentrums und einem Termin mit Mockups von Ausstellungsmöbeln und der Grafik der Ausstellung gab es, bezogen auf die Ausstellungsgestaltung mit dem Gestaltungsbüro, seit März 2019 keinen Termin mehr mit der gesamten Gruppe der EieS. Doch auch in dieser Endspurtzeit fanden sehr wohl Abstimmungsgespräche statt: Zeitintensiv wurden u. a. die taktilen Exponate oder die technischen Zusatzlösungen wie induktive Einhandhörer und die Kompatibilität des Mediaguides mit vielfältigen individuellen Hörhilfen mit den betreffenden Expert*innen abgestimmt. Die Auswahl der Exponate für die Highlight-Führung für Menschen mit unterschiedlichen Behinderungen im Mediaguide fand vor dem Hintergrund statt, dass perspektivisch alle Exponate über den Mediaguide und die bereits zugewiesene Nummer zugänglich werden würden. Diese Entscheidung basierte auch auf einer Forderung der EieS.

Was haben wir gelernt?
Hilke Groenewold ist Architektin und Sachverständige für Barrierefreiheit. Sie ist seit nun sechs Jahren beim Deutschen Blinden- und Sehbehindertenverband als Referentin für Barrierefreiheit tätig.

Gelernt habe ich, dass in der Zusammenarbeit mit einer Fokusgruppe eine vermittelnde und anwaltschaftliche Zwischenposition zwischen Kurator*innen und Leitung eines Hauses auf der einen Seite und den *Expert*innen in eigener Sache* auf der anderen Seite wichtig ist. Eine Moderation durch die Veranstaltung muss sehr klar strukturiert sein, und es sollte zur Ergebnissicherung auch immer ein Protokollant oder eine Protokollantin, die nicht zum Moderationsteam gehört, benannt sein. Letzteres wurde leider in diesem Prozess versäumt. Eine große Herausforderung war, leicht verständlich zu sprechen, d.h. schwierige

Sachverhalte einfach zu umschreiben. Ist man doch gerade als Wissenschaftler*in oder Ingenieur*in so gepolt, dass man gerne sein Wissen im Gesagten zum Ausdruck bringen will, sodass gerade dieser andere Sprachgebrauch eine große Veränderung darstellt.

Christiane Schrübbers ist Erziehungswissenschaftlerin und Museumspädagogin und hat sowohl Menschen mit Behinderung zu Ausstellungsmoderatoren ausgebildet als auch Moderatoren ohne Behinderung für die Bedarfe von Menschen mit Behinderung fortgebildet.

Ich habe mir am Anfang der Arbeit die Frage gestellt, wie weitreichend die Partizipation der EieS sein kann. Werden sie über Exponate und Textinhalte mitentscheiden, sollen sie emanzipierte Gesprächspartner*innen und Mit-Entwickler*innen, Ko-Kurator*innen werden? Nahezu alle beteiligten Expert*innen hatten vor der Zusammenarbeit mit uns Erfahrung in der Beratung von Museen und Kultureinrichtungen. Keiner hat aber direkt an einer Ausstellungskonzeption mitgearbeitet. Die Planung eines Narrativs, die Umsetzung in Texte, Vitrinen und Exponate und sonstige Elemente einer Ausstellung, die Anordnung im Raum, alles das war ihnen nicht vertraut. Es hat darum entgegen meiner Erwartung lange gedauert, bis ich das Gefühl hatte, dass in diesem Gremium selbstbewusste und kritische Entscheidungen getroffen werden. Dabei ist allerdings zu berücksichtigen, dass eine Gedenkstätte zur NS-Vergangenheit nach anderen gesellschafts- und erinnerungspolitischen Maßstäben arbeitet als zum Beispiel ein kulturgeschichtliches Museum. Auf der anderen Seite waren die Älteren unter den Expert*innen von der Wucht des Themas und der menschenverachtenden Haltung des NS-Regimes, auch den Behinderten gegenüber, besonders betroffen. Einer hat als kleines Kind einen Todesmarsch gesehen, ein anderer überlegte, dass er, wenn er zu dieser Zeit gelebt hätte, auch ein »Euthanasie«-Opfer hätte werden können. Die Frage der Partizipation muss in diesem Zusammenhang detaillierter diskutiert werden. Dennoch haben sich die Expert*innen in den abschließenden Feedbacks der einzelnen Workshops anerkennend und zufrieden über die Arbeit geäußert. Die Benutzung der einfachen Sprache war bis zum Schluss immer wieder eine Herausforderung. Es ist sehr schwer, in einfacher Sprache zu sprechen, wenn dieser Text nicht vorgeplant ist. Und es ist besonders schwer, in historischen Sachverhalten einfach und trotzdem korrekt zu sprechen. Im Falle der NS-Gedenkstätten ist die geschichtliche Schilderung der Vorgänge noch durchdrungen von juristischer Sprache, die mit sehr spezifischen Begriffen umgeht.

Gemeinsam haben wir gelernt, dass die Expertise des Gremiums unerlässlich war, wenn Entwürfe, Farbkonzepte und Mockups zu begutachten waren. Es zeigte sich, dass eine Maßnahme, die für einen der Expert*innen unannehmbar war, so abgeändert werden konnte, dass er Nutzen hatte, ohne den Zugang und Nutzen der anderen zu schmälern. Das gelingt aber nur mit einem sehr gut geplanten und streng zu befolgenden Zeitplan mit garantierten Abstimmungsschleifen. Die reine barrierefreie Ausstellungsgestaltung, das meint beispielsweise Kontraste, Textgrößen, Anbringungshöhe von Exponaten und Texten sowie die Ausbildung der Möbel, macht eine Ausstellung kaum teurer, wenn sie von Anfang an verfolgt wird. Sie bedeutet vielmehr eine Änderung in Arbeitsweise und -tempo. Das Einfügen von barrierefreien Elementen in eine Ausstellung wie z. B. Tastexponate, Gebärdensprach-Videos und Stationen, bei denen induktives Hören möglich gemacht wird, kostet mehr bezogen auf eine nicht-barrierefreie Ausstellung. Aber gerade hierbei ist es wichtig, stets den Mehrwert für alle im Blick zu haben. So können z. B. Tastpläne in einer Ausstellung sowie eine leicht verständliche Sprache für alle Besucher*innen einen besseren Zugang zu den Inhalten ermöglichen.

Der zeitliche Abstand zwischen den letzten Planungsbesprechungen und der fertiggestellten Ausstellung wurde von einigen EieS als groß empfunden. Obwohl gezielte Beteiligungen zu konkreten Fragestellungen einzelner Expert*innen stattfanden, wäre für andere eine intensivere Kommunikation durch E-Mails mit Informationen über den Stand der einzelnen Absprachen und der Ausstellungsrealisierung wichtig gewesen.

———

Mitarbeitende der GHWK während
einer Fortbildung zum Thema Inklusion
in der neuen Dauerausstellung,
Foto: GHWK

DIE FOKUSGRUPPE IM GESPRÄCH

**»Das war wie etwas sehen,
was andere nicht sehen können.«** [1]

*Drei Jahre arbeitete eine Gruppe von Menschen mit unterschiedlichen Beein-
trächtigungen als Expert*innen in eigener Sache an Inhalt und Gestaltung der
neuen Ausstellung in einem Design für Alle mit. Im Gespräch mit Elke Gryglewski
und David Zolldan, Leiterin und Mitarbeiter der GHWK, lassen sie ihre Eindrücke
noch einmal Revue passieren. Das Gespräch, an dem der Großteil der Gruppe
teilnahm, wird hier in Ausschnitten wiedergegeben.*

Elke Gryglewski: Die neue Ausstellung in unserem Hause, an der Sie ja mit-
gewirkt haben, ist jetzt eröffnet. Da ist es vielleicht einmal Zeit zurückzublicken
darauf, wie alles begann. Kannten Sie das Haus der Wannsee-Konferenz
eigentlich schon vor unserem Projekt?

Andreas Liebke (psychisch beeinträchtigt): Ich habe das Haus vor der
Zusammenarbeit grundsätzlich gekannt. Ich war auch mal bei einem Spazier-
gang hier quasi vorm Tor, bin dann aber nicht reingegangen.

C. Pargmann (lernbeeinträchtigt): Es kann sein, dass ich auch mal vorbei-
gelaufen bin oder im Geschichtsunterricht davon gehört habe.

Cordula Schürmann (lernbeeinträchtigt): Also gehört vielleicht. Ich dachte
aber immer, das wäre das Haus, wo so Promis hingehen.

---

1   C. Pargmann, lernbeeinträchtigt.

Andrea Mattern (hörbeeinträchtigt): Also dieses Haus an sich, da vermutet man erstmal ja auch nicht die Ausstellung dahinter, wenn man so von draußen kommt. Man denkt erstmal an die Nutzung, die es früher hatte, also als Wohnhaus. Und wenn man reinkommt, dann wird man mit der Geschichte konfrontiert. Man wird nachdenklich gemacht. Hier geht es ja um ein sehr sensibles Thema. Und es gibt unheimlich viel Material dazu. Als Besucher hat man natürlich auch den Anspruch, dass man durch die Ausstellung durchkommt. Früher, bei den vielen Tafeln, ist man ja irgendwann stecken geblieben, konnte nicht mehr lesen. Heute kann man sich einen Überblick verschaffen und etwas mitnehmen.

Andreas Krüger (sehbeeinträchtigt): Ich war in der Tat schon zweimal hier und habe mich mit einzelnen Themen auseinandergesetzt, bin dann allerdings auch an meine Grenzen gekommen. Vielleicht weil es so viele Informationen gab?

———

Gryglewski: Und was hat Sie dann dazu motiviert, an diesem Prozess, eine Ausstellung im Design für Alle zu entwickeln, mitzuarbeiten?

Schürmann: Mich hat es gereizt wegen Leichter Sprache und Museum allgemein, etwas zum Mitmachen – und ich hatte Zeit. Außerdem fand ich es spannend, was Elke [Janßen, Lebenshilfe] so vom Haus und der Arbeit erzählt hat.

Pargmann: Mich hat die Geschichte interessiert, und ich mache ja immer gerne Projekte, die mit Leichter Sprache zusammenhängen. Beides in Verbindung, damit jeder die Chance hat, Geschichte zu verstehen. Es hat mir gefallen, dass ich damit irgendwie auch zu einer Lehrerin werde.

Mattern: Das Thema hat mich sofort angesprochen, weil ich sowieso viel darüber lese. Ich war allerdings erstmal unsicher, ob ich etwas Wichtiges beitragen könnte. Ich war ja erst kurz Mitglied im Schwerhörigen-Verein, und bisher hatte ein Kollege solche Aufgaben übernommen und sich überall eingebracht. Und da kam dann die Idee auf, dass ich einfach mal mitlaufe und mir angucke, wie so die Fragestellungen sind. Ich hatte hier noch keine konkreten Kenntnisse. Also ich wollte einfach ein bisschen dazulernen und auch die anderen Behindertengruppen kennenlernen. Aber weil wir gerade dabei sind: Wie sind Sie eigentlich auf die Verbände gekommen?

——

David Zolldan: Wir hatten ja die Unterstützung von Hilke Groenewold und Christiane Schrübbers, die den Kontakt zu den Verbänden hergestellt haben. Sie haben eine Aufstellung gemacht, welche Verbände wir anschreiben sollten, um nach potenziellen Besucher*innen zu fragen, die uns zu Barrierefreiheit beraten könnten.

Liebke: Ja, und als wir die Anfrage erhielten, saßen wir gerade in einer Vorstandssitzung zusammen. Und ich habe meinen Kollegen gefragt, ob er diese Aufgabe übernehmen möchte. Als er dann nein sagte, stand für mich fest, okay, dann mache ich das. Ich fand das an sich schon sehr interessant. Auch nochmal eine neue Erfahrung, weil es ein komplett anderer Kontext als normalerweise im Bereich Psychiatrie sein würde. Und ich wollte, dass sich durch meinen Beitrag etwas verändert, also, dass Barrierefreiheit und Inklusion gestärkt werden. Außerdem bin ich auch historisch interessiert.

Krüger: Ja, genau, und dass durch eine inklusive Ausstellung Antisemitismus, Diskriminierung und der Völkermord einem breiten Publikum zugänglich gemacht werden können. Und das auf unterschiedlichen Ebenen und Kommunikationsformen. Das hat meine Motivation verstärkt, mich mit meiner persönlichen und beruflichen Erfahrung einzubringen, damit diese Ausstellungsinhalte gerade bei der Gruppe der blinden und sehbehinderten Personen ankommen. Als wir über den Blindenverein die Anfrage erhalten haben, dass wir uns als Mitglieder bewerben könnten, um die neue Dauerausstellung mit zu erarbeiten, habe ich mich gefreut. Ich war sofort motiviert, weil ich das ein tolles Projekt fand, mit dem ich in dem Maße das erste Mal zu tun hatte. Also tatsächlich eine Ausstellungsgestaltung von Anfang bis zum Ende mit zu begleiten. Das war vonseiten des Blindenvereins neu, vor allem die Umsetzung einer Dauerausstellung in einer Gedenkstätte.

———

Zolldan: Gab es noch andere Anknüpfungspunkte?

Fritz-Bernd Kneisel (hörbeeinträchtigt): Naja, das Projekt hat mich sofort angesprochen, weil ich als Achtjähriger einen Todesmarsch in der Müritz gesehen hatte. Ich habe es damals nicht verstanden, aber als wir 1946 nach Berlin in die sowjetische Zone gingen, hingen da Transparente, auf denen es um die Zahl der ermordeten Juden ging. Da habe ich verstanden. Ich weiß nicht, ob mein Vater die Verfolgung und das Töten der Juden selbst erlebt hat und wie er zum Todesmarsch stand. Aber er hat eine andere Meinung gehabt als die Partei. Als Geschäftsführer einer Farbenfabrik war er vom Kriegsdienst befreit.

Pargmann: Mich interessiert die Geschichte auch, weil ich mich sehr viel mit meinen Großeltern über die Zeit unterhalten habe.

Mario Herschel (lernbeeinträchtigt): Und ich wollte mitmachen, weil meine Mutter ja im KZ Ravensbrück eingesperrt gewesen war. Wir gehörten zu den Zeugen Jehovas. Sie ist aber lebend wieder rausgekommen.

———

Zolldan: Mario, du hast ja irgendwann entschieden, dass du nicht mehr als Berater dabei sein möchtest. Woran lag das?

Herschel: Ich habe entschieden, Führungen in der Stiftung Topographie des Terrors in Leichter Sprache zu machen. Beides zusammen war mir dann zu viel. Aber mit der Zusammenarbeit war ich nicht unzufrieden. Ich hatte einfach nur zu wenig Zeit. Bei der Topographie hatte ich auch mehr Zeit, darüber nach-zudenken, weil es sich ja immer wiederholt. Und dann habe ich mich gefragt: Was wäre mit dir passiert zu der Zeit? Da gab es ja die Euthanasie, also die T 4. Auf jeden Fall bin ich jetzt weniger gestresst.

———

Zolldan: Das verstehe ich gut. Ich würde vorschlagen, dass wir zu unserem zweiten Fragekomplex kommen, nämlich Fragen zur Zusammenarbeit. Er-innern Sie sich an den Anfang unserer Zusammenarbeit? Ich denke manchmal an das erste Treffen. Da haben wir so ziemlich alles falsch gemacht, was man falsch machen konnte. Wir haben zum Beispiel ständig vergessen, uns für Anja Winter und Andreas Krüger vor einem Wortbeitrag vorzustellen.

Krüger: Ich erinnere mich an die erste Zusammenkunft. Bei der gab es noch eine große Distanz. Das war schon auffällig, dass es da eindeutige Berührungsängste gab. Aber nachdem man sich kennengelernt und vorgestellt hat und bewiesen hat, wie wichtig es einem ist, an dem Prozess mitzuarbeiten, hat sich das gelegt. Und man war wirklich ein Team, das auch die Inhalte des Hauses detailliert besprochen hat und dabei unterschiedliche Sprachniveaus genutzt hat, um tatsächlich alle Beteiligten mitzunehmen. Das fand ich am beeindruckendsten.

———

Gryglewski: Ja, eine gemeinsame Sprache zu finden war zuerst ein Problem. Wir wussten manchmal nicht, ob die Sprache, die wir untereinander benutzen, für alle in Ordnung war.

Elke Janßen (Lebenshilfe Berlin, Assistentin von Mario Herschel): Es gibt eine Fachsprache unter Kuratoren und Museumsfachpersonal, die so eingeübt ist, dass sie von den Museumsexperten nur schwer losgelassen werden konnte. Mich hat es besonders gefreut, dass es uns doch gelungen ist, in einer Gruppe mit vielen intellektuell geschulten Personen einfach zu sprechen. Zwischendrin hielt ich das für unmöglich. Schließlich waren viele Zusammenhänge komplex. Beeindruckt hat mich auch, wie sich die Mitarbeiter vom Haus der Wannsee-Konferenz, die Kuratoren und andere Mitwirkende dann auf diese konstruktiven Gespräche eingelassen haben. Die Gesprächsatmosphäre war stets offen und zugewandt. Beeindruckend war auch die Klarheit und Expertise, mit der insbesondere die blinden Kollegen sagen konnten, was nötig ist, damit sie die neue Ausstellung besuchen können.

Krüger: Ich würde jetzt mal das erste Treffen ausklammern, weil man da tatsächlich nicht wusste, wie es wird, und es ungewohnt war, jemandem Hilfe und Unterstützung anzubieten. Aber ansonsten habt ihr das so schnell gelernt. Ihr habt Fragen gestellt, ihr seid offen und aufgeschlossen auf sämtliche Beteiligten zugegangen. Und das war halt das Wichtige, tatsächlich die Meinung zu akzeptieren, die jeder gesagt hat.

Bitte Leichte Sprache!

Kopiervorlage

Zolldan: Und was denken Sie über die Zusammensetzung der Gruppe?

Krüger: Ich finde, so wie wir zusammengesetzt waren, waren es die sogenannten Haupt-Fokusgruppen, die in der Öffentlichkeit vertreten sind, aber sicherlich gibt es noch viele weitere Bedarfsgruppen. Leider muss man sich da ja reduzieren, und das Entscheidende ist tatsächlich, einen Anfang zu machen und die grundlegenden Voraussetzungen zu schaffen, eine gleichberechtigte Teilhabe auf den Weg zu bringen.

Schürmann: Das war irgendwie eine bunt gemischte Gruppe und ich fand das sehr interessant, mit all den Leuten zusammenzuarbeiten. Und jeder hat eine andere Sicht der Dinge, und das ist dann so ein Haufen geworden, da kommen so viele Ideen zusammen. Was Andreas Liebke gesagt hat, fand ich immer interessant, da habe ich persönlich etwas mitgenommen.

Janßen: Für mich war es etwas Besonderes, in einer Gruppe mit einer so unterschiedlichen Interessenlage miteinander ins Gespräch zu kommen und Konsense zu finden. In unserer Arbeitsgruppe ist nach meinem Empfinden ein guter wertschätzender Zusammenhalt entstanden. Ich habe sehr gerne in dieser Gruppe mitgearbeitet.

Krüger: Ich habe aber gemerkt, dass es auch unter den Beteiligten Berührungsängste gibt. Und ich glaube, da war einfach nochmal auch eine Vermittlung nötig. Vielleicht durch das Projektteam. Vielleicht ruhig auch eine neutrale Person, die die jeweilige Gruppe noch einmal stärker zusammenbringen kann. Weil ich oft auch beobachtet habe, dass jeder in den Pausen auf seinem Platz sitzt. Wo es zufällige Begegnungen gab, hat man sich natürlich auch ausgetauscht, auch persönlich, was natürlich sehr schön war. Aber es gab auch Personen, die man nicht wirklich erreicht hat. Und vielleicht ist das auch nochmal eine Aufgabe, wie man als Institution dann die Zusammenarbeit verstärken kann.

———

Zolldan: Das stimmt! Andreas, du hattest ja schon Erfahrungen. Hattest du das Gefühl, dass du dich deshalb vielleicht in der Gruppe besser mit deinen Wünschen und Ideen einbringen konntest?

Krüger: Ich glaube schon. Es war auch zu beobachten, dass natürlich diejenigen Personen, die vielleicht schon mal eine Beratung zum Thema Ausstellungsgestaltung vorgenommen haben, offensiver waren, sich eigenständig und aktiv einzubringen und dabei tatsächlich ihre eigenen Wünsche stärker zu formulieren und auch durchzusetzen. Manchmal habe ich mich gefragt, gerade im Hinblick auf Kommunikation als Einschränkung, wie gut das wohl in dieser Gruppe funktionieren wird und ob tatsächlich sämtliche Wünsche der Beteiligten auch aufgenommen werden können beziehungsweise auch verstanden werden können.

———

Zolldan: Und wie lief es dann so, zum Beispiel mit der Mitbestimmung innerhalb der Gruppe?

Schürmann: Gut. Wir haben alle unsere Meinungen in einen Topf getan. Gab zwar ein paar Mal Diskussionen, es war vielleicht nicht jeder der Meinung der anderen, aber es wurde zugehört.

Mattern: Ich finde auch, wir haben offen miteinander gesprochen. Und wir haben uns alle ausreden lassen und hatten auch diese Disziplin, sag ich mal, dass das Mikro herumgegeben wurde und erst weitergesprochen wurde, wenn das Mikro da war.[2]

Schürmann: Es war zwar vielleicht nicht jeder immer der Meinung der anderen, aber ich fand, es wurde darüber nachgedacht, man konnte darüber diskutieren, man einigte sich und setzte das teilweise auch um. Man muss ja auch bei allem immer abwägen – Preis, Barrierefreiheit und, wie heißt das, Denkmalschutz.

———

2   Zum Vorgang siehe S. 130.

Gryglewski: Und gab es da Situationen, in denen der Umgang in der Gruppe miteinander irgendwie falsch war?

Mattern: Nein, das hat es eigentlich nicht gegeben. Vielleicht hat man irgendwann etwas gesagt, was jemand anderen verletzt hat oder für jemand anderen falsch klang. Aber es ist nie mit Absicht passiert. Man hatte Respekt voreinander.

Zolldan: Jeder hatte also das Gefühl, er konnte sich gleichberechtigt einbringen? Für sich und auch für die Gruppe oder den Verband, der vertreten wird?

Krüger: Ich weiß nicht. Als der Prozess immer feinteiliger und durchaus vielleicht auch komplizierter wurde, oder als es um die einzelnen Ausstattungselemente oder Vermittlungsmedien ging, hatte ich oft Zweifel, ob ich jetzt allein eine solch große Gruppe der Sehbehinderten vertreten kann. Am Ende spreche ich ja auch bloß als ein Individuum. Also fließen da viele eigene Bedürfnisse und Wünsche mit ein, auch unter Berücksichtigung dieser breiten Gruppierung. Und das hat mich oft zum Grübeln gebracht.

Zolldan: Das ist natürlich immer so ein Abwägen. Da hilft ja aber vielleicht auch der Austausch untereinander. Hatten Sie das Gefühl, dass innerhalb der Gruppe genügend Zeit dafür blieb?

Janßen: Ja, die Zeit war genau richtig und nach Anfangsschwierigkeiten lief die Zusammenarbeit auch sehr gut. Es hat nur eben einige Sitzungen gedauert – für mein Empfinden zu lange –, bis wirklich einfach und für Menschen mit kognitiver Beeinträchtigung verständlich gesprochen wurde.

Kneisel: Ich finde, manchmal war die Zeit schon etwas knapp, aber insgesamt war meiner Meinung nach genug Zeit für den Austausch, und es gab auch genügend gemeinsame Sitzungen.

Mattern: Wir haben ja auch in den Pausen gesprochen. Und der Austausch war so gut, dass wir jetzt auch noch Kontakt mit Herrn Krüger haben. Er versucht uns immer zu informieren, und wir wollen weiter zusammenarbeiten.

Anja Winter (blind): Ich hätte es aber besser gefunden, wenn immer zwei Expert*innen [einer Einschränkungsart] an der Gruppe teilgenommen hätten, sinnvollerweise je eine männliche und eine weibliche Person. Da ich selbst Hörprobleme habe, war es manchmal für mich schwierig, andere korrekt zu verstehen. Ich hätte auch deshalb eigentlich gerne mehr Zeit für den Austausch gehabt.

———

Gryglewski: Jetzt wüssten wir aber natürlich auch gerne von Ihnen, wie Sie die Zusammenarbeit mit uns und den anderen Mitwirkenden beurteilen. Haben Sie sich auch von der Projektleitung des Hauses als Person und mit Ihren Wünschen und Beiträgen ernst genommen gefühlt?

Krüger: Ja, ich war begeistert von der Offenheit, von der Wertschätzung und dem Wunsch, uns als Projektbeteiligte thematisch mitzunehmen, damit wir die Ausstellungsgestaltung und das Vermittlungsangebot ganzheitlich denken: also, wie kann man eine Lösung finden, um den Bedürfnissen von unterschiedlichen Besuchern gerecht zu werden? Und ich fand gut, das auch gemeinsam zu diskutieren. Und die Kollegen für die eigenen Interessen und Erwartungen zu sensibilisieren. Das hat sich von Treffen zu Treffen immer mehr intensiviert.

Janßen: Die Entscheidungen der Gruppe wurden berücksichtigt und in wesentlichen Punkten konnten wir mitbestimmen, auch wenn unsere Wünsche und Vorstellungen, wie ich finde, dabei etwas weniger Gewicht hatten als die der Gedenkstätte und des Gestaltungsbüros.

Winter: Das sehe ich nicht so. Die Wünsche der Expert*innen waren meines Erachtens sehr wichtig für die zu fällenden Entscheidungen. Und wir konnten uns dabei als Gruppe, aber auch persönlich einbringen.

Kneisel: Ich finde, die Wünsche wurden umgesetzt, wie Wünsche eben umzusetzen sind. Da haben sich die Gestalter und alle anderen fachlich eingebracht.

Mattern: Aus meiner Sicht ist es gut gelungen. Extrawünsche hatten wir nicht. Wir waren eine Gruppe innerhalb der gesamten Gruppe. Also mussten manchmal gesunde Kompromisse eingegangen werden.

Liebke: Diese Sache, also, was ich immer sage, dieses Aufeinanderzugehen und dann irgendwie das Beste daraus zu machen, aber gemeinsam, das stimmt für mich für diesen Prozess. Es gab Punkte, an denen die Meinung der Gruppe nicht ganz berücksichtigt wurde, und andere, wo die Gruppe durchaus Einfluss hatte. Zum Beispiel, als die Möbel entsprechend unseren Wünschen angepasst wurden und auch das Bodenleitsystem. Es war ein gegenseitiges Geben und Nehmen, ausgeglichen. Jeder hatte die Möglichkeit, seine Vorstellungen einzubringen.

Krüger: Ich habe mich jedenfalls absolut ernst genommen gefühlt. Das hat man zum Beispiel auch gemerkt, wenn es zu einem Folgetreffen kam und wichtige Aspekte und spezielle Wünsche von uns in das Konzept aufgenommen worden waren. Das war eigentlich die schönste Anerkennung. Und auch, dass ich ein Treffen als Einzelperson hatte und oft angesprochen und nach meiner Meinung gefragt wurde. Und auch diese Äußerungen wurden dann nochmal aufgenommen.

———

Zolldan: Gibt es da noch andere Situationen oder Beispiele?

Liebke: Ich erinnere mich an eine Situation, die mich gefreut hat. Irgendwann kam Christiane Schrübbers auf mich zu und fragte, ob ich der Gruppe nicht nochmal etwas über die Belange beziehungsweise Bedürfnisse von Menschen mit psychischen Beeinträchtigungen ein bisschen deutlicher darstellen kann. Als ich erzählt habe und nachgefragt wurde, war das so ein Aha-Erlebnis für mich: Okay, da besteht Interesse.

Gryglewski: Für die Bildungsarbeit war Ihr Beitrag auch wichtig. Als Sie zum Beispiel erzählt haben, dass für Menschen mit psychischen Einschränkungen geschlossene Türen ein Problem sind. Das kann viel mehr Besucher*innen betreffen, als wir im Blick haben – auch Menschen mit traumatischen Erfahrungen wie bei häuslicher Gewalt oder Fluchterfahrungen. Als Folge haben wir vereinbart, dass die Tür zum sogenannten Konferenzraum bei Einführungs-vorträgen nicht geschlossen gehalten werden soll.

Mattern: Ein anderes Beispiel, das für mich dafür steht, ernst genommen zu werden, waren auch die verbindlichen Terminabsprachen. So sollte man weitermachen – das war wirklich klasse. Die Termine, die Zeiten, die Absprachen wurden immer alle korrekt eingehalten. Ihr habt gefragt, was möglich ist und unsere Antworten wurden berücksichtigt. Die meisten Sachen für Behinderte sind ja immer am Vormittag, während der Arbeitszeit, wo wir gar nicht teil-nehmen können.

Krüger: Und auch abschließend bei der Ausstellungseröffnung konnte man deutlich Wertschätzung erleben, wenn man beobachtete, wie man sich da begegnet ist, dass man sich gegenseitig beglückwünscht und gedankt hat für diese Zusammenarbeit, für das Ergebnis. Das war dann die schönste Bestäti-gung, ein Teil des Teams gewesen zu sein.

———

Gryglewski: Was war Ihnen noch wichtig bei unserer Zusammenarbeit? Positiv wie negativ.

Mattern: Es hat mir gefallen, dass es feste Ansprechpartner gab, sogar über die ganze Zeit hinweg. Selbst bei Zusammenkünften waren ja meistens die-selben Personen dabei, sodass man auch eine Beziehung zur Gruppe aufbauen konnte. Das ist sehr wichtig. Dadurch kann man ungezwungener miteinander kommunizieren. Und ich finde es spannend, dass wir dieses ganze Thema von verschiedenen Seiten beleuchtet haben. Wir wurden in die unterschiedlichen Prozesse einbezogen und haben dadurch die unterschiedlichen Akteure kennen-gelernt. Wir wurden nicht gezwungen, etwas zu sagen, sondern haben erst-mal Fachkräfte gehört und was sie zum jeweiligen Problem sagen.

Schürmann: Auch der Austausch mit den Firmen war toll, wie zum Audioguide und der Technik. Das war auf Augenhöhe.

Pargmann: Ja, das Beste war, als die Audios gemacht wurden, aber am meisten Spaß hat mir gemacht, als wir durch die halb aufgebaute Ausstellung gegangen sind. Das war wie etwas sehen, was andere nicht sehen können.

Gryglewski: Gar keine Klagen?

Krüger: Na gut, das muss ich anmerken, mir ist lange Zeit die Rolle der beiden sachverständigen Personen unklar geblieben. Es war die Rede von Anwälten. Und ich wusste nie, ob sie meine direkten Ansprechpartnerinnen für das Haus sind oder ob sie auch Kolleginnen sind, die meine Meinung nochmal untermauern, gerade bei technischen und gesetzlichen Details. Und das habe ich dann auch manchmal vermisst, dass jemand meine persönliche Meinung oder meinen Wunsch durch gewisse technische Normen oder rechtliche Bestimmungen untermauert.

Gryglewski: Das ist etwas, was wir zu viert auch immer wieder als Thema hatten im Aushandlungsprozess. Wir hätten das besser kommunizieren müssen. Teilweise haben aber auch wir erst im Laufe des Prozesses gelernt und geklärt, wer von uns welche Rolle hat. Dinge, die positiv hervorgehoben wurden, wie zum Beispiel die Vereinbarung, über die wir ja später auch noch sprechen werden, kamen zum Beispiel als Vorschlag von den beiden Sachverständigen.

Krüger: Ihr habt euch eben ein Netzwerk von Experten aus der Gruppe und Sachverständigen aufgebaut, das für die Arbeit wichtig war. Das wurde später klar.

Pargmann: Mir hat die Zusammenarbeit insgesamt sehr gut gefallen – ich kann mich wirklich nicht beklagen. Es gab keine Situation, in der ich mich missverstanden gefühlt oder irgendwie geärgert habe. Insofern war alles so weit sehr, sehr angenehm.

Winter: Ja, ich fand sie auch gut. Allerdings auch oft ziemlich anstrengend, insbesondere deswegen, weil wir als Experten und Expertinnen in eigener Sache recht unterschiedliche Bedürfnisse, Vorkenntnisse und intellektuelle Hintergründe hatten.

Liebke: Meinerseits gab es öfters so Fettnapf-Situationen, sage ich mal. Es war mir dann so ein Stück weit peinlich und unangenehm, aber auch wieder nicht so schlimm, dass Sie da jetzt Panik kriegen müssen. Aber es gab sie – und meistens ging es irgendwie um die Gestaltung. An einer Stelle dachte ich, ein sehr farbiger Hinweis könnte allen zeigen, in welche Richtung sie gehen sollten – etwas Neongelbes vielleicht. Als ich es sagte, meinte Frau Schrübbers gleich, Gelb kommt nicht infrage, und da dachte ich mir, oh, okay, Fettnapf. Da habe ich gemerkt, dass bei dem Thema schon besondere Dinge berücksichtigt werden müssen.

Krüger: Letztendlich war mir aber besonders der direkte Austausch mit den Gedenkstätten-Mitarbeitern wichtig. Meine Erwartungen an eine Ausstellung oder an eine Gedenkstätte zu formulieren und gleichzeitig an Lösungen zu arbeiten, das fand ich spannend, und das ist noch relativ selten, dass Kultur-einrichtungen das zulassen und akzeptieren, diese hierarchischen Strukturen aufzubrechen und die Nutzer, also die Besucher stärker in den Fokus zu nehmen. Es war am Anfang nicht ersichtlich, welches Ausmaß das anneh-men würde, aber es hat mich von Treffen zu Treffen immer mehr gefreut. Sowohl was den inhaltlichen Einstieg betrifft als auch die ganzen formalen Kriterien, von der Planung der Ausstellungsarchitektur bis zur Gestaltung der Webseite.

———

Zolldan: Dann haben wir da ja einiges richtig gemacht! Jetzt ein paar Fragen zu Vereinbarungen, die wir vorab getroffen haben. Es gab ja dieses Papier »Grundlagen der Zusammenarbeit« [siehe Abb. S. 170]. Wir hatten mit dieser schriftlichen Vereinbarung versucht, eine Verbindlichkeit in der Teilnahme an den Treffen zu erreichen. Wie fanden Sie das?

Kneisel: Mir war der Vertrag nicht so wichtig, aber ich hatte den Eindruck, dass er für das Projekt schon wichtig war.

Liebke: Naja, Kontinuität und Verlässlichkeit sind halt tatsächlich wichtig. Also insofern ist diese Vereinbarung schon okay gewesen.

Gryglewski: Darin stand aber auch, dass wir uns im Haus eine letzte Ent-scheidung vorbehalten, wenn es zu Interessenskonflikten kommt. Also, wenn beispielsweise der wissenschaftliche Beirat etwas anderes haben wollen würde als Sie in der Gruppe der *Expert*innen in eigener Sache*.

Mattern: Der Vertrag war in Ordnung. Wir sind ja eigentlich nur beratend dabei gewesen. Und die eigentliche Entscheidung liegt meiner Meinung nach sowieso im Haus, weil immer irgendwelche ökonomischen Zwänge oder sowas zu beachten sind.

Gryglewski: Würden Sie Inhalte anders formulieren? Oder andere Themen mit aufnehmen?

Krüger: So ein vertragliches Übereinkommen ist für alle ziemlich neu gewesen. Ich fand es wichtig, dass es überhaupt solch ein Instrument gibt und dass ihr nicht nur an solche Aspekte gedacht habt, sondern auch offen damit umgegangen seid. Mir haben keine weiteren Klauseln gefehlt.

Gryglewski: Erinnern Sie sich vielleicht an Interessenskollisionen? Und haben Sie das Gefühl, dass im Falle solcher Kollisionen Ihre Wünsche und Bedürfnisse trotzdem noch zufriedenstellend berücksichtigt wurden?

Krüger: Für mich hat sich die Projektleitung immer hinter unsere Bedürfnisse, also gerade die der blinden und sehbehinderten Besucher gestellt. Zum Beispiel beim Bodenleitsystem, wo ich nie gedacht hätte, dass es tatsächlich zur Umsetzung kommt, als in großer Runde über die Beschaffenheit des Parketts diskutiert wurde. Da bekommt man mit, wie viele Experten vor Ort waren und tatsächlich die Ausstellung umsetzen. Dass unsere Bedarfe umgesetzt wurden, war eine schöne Anerkennung für die vorherige Leistung. Schwieriger war es, als wir über die technische Ausstattung gesprochen haben, zum Beispiel die Bereitstellung der Monitore oder das Design der Monitore, also die Präsentation der jeweiligen Inhalte. Da habe ich gemerkt, okay, jetzt muss man doch wieder strategischer und mit weiteren Argumenten auffahren, um andere Projektbeteiligte oder die Dienstleister zu überzeugen.

———

Gryglewski: Es gab ja den Vertrag und darüber hinaus ein Honorar für die Treffen. War für Sie die Höhe des Honorars angemessen?

Liebke: Ich hatte mit dem Honorar überhaupt kein Problem, aber ich hätte auch ohne Honorar mitgemacht.

Mattern: Ich auch, und ich habe es gern gemacht. Es war für mich eine ehrenamtliche Tätigkeit. Das Honorar war für mich eigentlich mehr so, dass man dann zumindest den Aufwand, den man hat, hierherzufahren, die Fahrtkosten und so weiter, dass die Sachen da vielleicht noch mit abgegolten wurden. Aber es war für mich keine Bedingung.

Kneisel: Ja, ich bin auch nicht auf das Geld angewiesen, aber als Aufwands-entschädigung war es gut.

Winter: Teilweise wurden aber auch Fragen diskutiert, für die ein hohes Maß an Sachverstand notwendig war. Wahrscheinlich ist der Stundenlohn dafür weitaus höher. Ich nehme an, dass es sich bei der Honorarhöhe um einen durchschnittlichen Stundenlohn handelte.

Krüger: Also allein, dass es dieses Angebot gab oder es als selbstverständlich angesehen wurde, den Projektbeteiligten ein Honorar zu zahlen, das kannte ich auch noch nicht in dem Maße. Mittlerweile haben wir uns als Arbeitskreis auch stärker positioniert und versuchen, unsere Projektpartner davon zu überzeugen, dass unsere Arbeitsleistungen genauso honoriert werden sollten wie die der eigenen Mitarbeitenden. Oft beschränkt sich das ja auf Aufwands-entschädigungen und Beraterhonorare, weil wir in vielen Prozessen nicht so detailliert drinstecken. Trotzdem fand ich das angemessen und ausreichend, weil – das ist zumindest meine persönliche Meinung – ihr letztendlich auch viel Kraft und Arbeit in die Vorbereitung der Treffen hineingesteckt habt.

Zolldan: Wir wollen ja auch Empfehlungen für zukünftige Projekte geben. Würdest du empfehlen, dass Honorare analog zur Bezahlung der Mitarbei-ter*innen gezahlt werden?

Krüger: Also in der Tat wäre das in Zukunft vielleicht wichtig, weil es ja um einen partizipativen Ansatz geht und durch uns neue Aspekte in die Ausstel-lungsgestaltung einfließen. Aspekte, die tatsächlich nur von uns als Nutzern kommen können, und die sollten dann genauso anerkannt werden wie die inhaltlichen Leistungen zum Beispiel der Kuratoren oder der Ausstellungs-technik. Und man sollte dabei auch die soziale und berufliche Situation der Berater berücksichtigen. Meistens nehmen sie diese Aufgaben ehrenamtlich wahr, aber mit einem hohen zeitlichen Aufwand. Ich musste mir oft für die

Treffen freinehmen, weil sie einen halben Tag dauerten und das nicht anders mit meinem Arbeitgeber zu vereinbaren war. Man könnte sich an Honorarverträgen orientieren, die externe Guides bekommen. Das könnte sich auch auf die Motivation der Projektbeteiligten auswirken, sich intensiv einzubringen und auch verfügbar zu sein.

Gryglewski: Honorare sind ja die eine Art der Wertschätzung, die andere ist die Anerkennung und Wertschätzung Ihrer Kompetenzen. Hatten Sie das Gefühl, Sie werden als Experten und Expertinnen wahrgenommen, oder hatten Sie das Gefühl, Sie sitzen eher wieder in der Schule und müssen etwas lernen?

Mattern: Unsere Hinweise wurden sehr ernst genommen. Wir spürten immer das Bemühen, uns bei den Gruppentreffen bestmöglich zu unterstützen. Es wurde eine mobile Induktionsanlage angeschafft, und wir mussten unsere eigene Technik nicht mehr zu den Treffen mitbringen. Es gab auch Treffen an unserem Vereinssitz, um technische Fragen zu besprechen und sich die Nutzung einer mobilen Induktionsanlage erklären zu lassen. Für mich war es außerdem wichtig, dass die Behindertengruppe der lautsprachlich orientierten Schwerhörigen gleichberechtigt neben der Behindertengruppe der Gehörlosen wahrgenommen wurde. Schwerhörige und Gehörlose haben zwar die gleiche Sinnesbeeinträchtigung, jedoch gibt es immense Unterschiede im Unterstützungsbedarf. In Deutschland sind ca. 16 % der Erwachsenen von Schwerhörigkeit betroffen. Das sind ca. 11 Millionen Betroffene, von denen ca. 80 000 gehörlos sind. Schwerhörige, insbesondere spätertaubte Personen, die den Spracherwerb über das Hören gelernt haben, die also lautsprachlich orientiert sind, beherrschen in der Regel keine Gebärdensprache. Diese Unterschiede sind in der Öffentlichkeit weitgehend unbekannt, und wir wollen darüber aufklären. Ich habe das Gefühl, dass unsere Anregungen und Hinweise aufgenommen, verstanden und auch umgesetzt wurden.

Liebke: Ich habe mich in Bezug auf die Geschichte als Lernender und in Bezug auf die Umsetzung des Ganzen eher als Experte gefühlt. Und im Anschluss an das Treffen mit der Web Design-Firma hat mir der Verantwortliche sein Kärtchen gegeben, wo ich mich erst mal fragte, was soll ich denn jetzt damit?

Die Fokusgruppe beim Test der
Dauerausstellung im Anne Frank Zentrum
Berlin, 18.1.2019, *Foto: GHWK*

Warum gibt er mir denn jetzt sein Visitenkärtchen? Und dann habe ich verstanden, dass ich als Experte wahrgenommen werde und er ja irgendwie Interesse an einer Zusammenarbeit hat.

Mattern: Man lernt auf alle Fälle im Hinblick auf die fachlichen Inhalte. Ich bin in den neuen Bundesländern groß geworden, habe dort die Schulbildung mitgemacht, also wir haben relativ wenig erfahren. Auf dieses Thema bin ich auch erst durch den Film Holocaust, der Ende der Siebzigerjahre ins Fernsehen kam, aufmerksam geworden. Und dann hat man mitgekriegt, wie weit die Eltern selbst kommen. Also, ob sie etwas von der Zeit erzählen wollten oder mehr oder weniger verschwiegen haben.

Kneisel: Ich habe vor allem zur Geschichte der Wannsee-Konferenz und dem Protokoll gelernt, also mich dort als Lernender gefühlt. Bei der Barrierefreiheit habe ich mich als Experte gesehen.

Herschel: Ich habe mich auch als Experte gefühlt. Als Experte für Leichte Sprache.

Pargmann: Ja, ich hatte ja auch vor allem mit der Sprache zu tun. Und ich denke immer an die Leute, denen man damit etwas beibringen kann. Mit Sprache etwas beibringen ist viel schwerer als mit Bildern, und oft wird eben schwere Sprache benutzt. Ich war ein bisschen aufgeregt und hatte Bedenken, ob die Leute mich so nehmen, wie ich bin. Aber dann haben wir uns mit den Leuten getroffen, die den Audioguide gemacht haben. Und dann hat es funktioniert, ich konnte ihnen helfen. Das war das Beste! Also da war ich schon Expertin!

———

Zolldan: Ich würde im Hinblick auf Ihre Bedürfnisse natürlich auch gerne noch über Barrierefreiheit sprechen: Wenn Sie in ein Museum gehen oder sich irgendwo eine Ausstellung angucken, welche Barrieren sehen Sie da? Was macht es für Sie schwer, den Inhalt zu verstehen?

Pargmann: Wenn es kein Leitsystem gibt oder Kopfhörer, über die man erklärt bekommt, wo es lang geht. Es gibt viele Museen, die sind sehr unstrukturiert. Wo gehört was dazu? Oder die Sprache halt, zum Beispiel bei Geschichte: Wo ist der Anfang? Wie alles angefangen hat – das kann man oft nicht verstehen.

Winter: Da gibt es vieles: mangelnde Zugänglichkeit, fehlender Audioguide, fehlende zielgruppenorientierte Vermittlungsprogramme. Und auch, wenn Ausstellungen als barrierearm oder -frei gelten, können ungeschultes Personal, nur käuflich erwerbbare Audiokataloge und herunterladbare Texte analog zu einem Ausstellungskatalog eine neue Barriere bilden.

Krüger: Das größte Problem ist bei mir eigentlich die Orientierungslosigkeit, mich in einem fremden Gebäude zurechtzufinden. Wie kann ich entspannt zum eigentlichen Grund meines Museumsbesuchs kommen, zu den Exponaten? Wie kann ich mich selbst schützen, wie kann ich die Exponate schützen? Und mittlerweile bereitet es mir schon gar keine Freude mehr, in eine Ausstellung mit großen Barrieren zu gehen. Also das betrifft Aspekte der Farb- und Lichtgestaltung. Oder auch mangelhafte Maßnahmen, die zum Beispiel für blinde und sehbehinderte Nutzer*innen notwendig sind, wie am Bodenleitsystem, wie taktile Medien oder Bildbeschreibungen. Dabei geht es letztendlich auch um die Wertschätzung als Besucher mit seinen Bedürfnissen oder mit seinen Einschränkungen. Akzeptiert zu werden, sowohl von den Museumsmitarbeitern als auch von den anderen Besuchern.

Schürmann: Einmal in Wien – das Thema war interessant, aber die Organisation war schlecht. Für einen Audioguide musste man lange in einer Schlange stehen. Vielen Leuten haben sie später gesagt, sie müssten die Taschen abgeben und sie mussten dann zurück zum Anfang. Es gab keinen Hinweis darauf vorher. Und wenn irgendwo richtig mega viel Text steht, am besten noch schwer. Es gibt vielleicht Menschen, die lesen sich das durch. Aber es gibt auch Menschen, die denken sich da: »Ja, komm, kannste ja gleich sein lassen.«

Krüger: Selbst als Kunst- und Kulturinteressierter komme ich da oft an meine Grenzen, was die Auseinandersetzung und Reflexion von Ausstellungsinhalten und Vermittlungsangeboten anbelangt. Weil ich die nach wie vor als veraltet empfinde und die oft noch an vielen Bedürfnissen der Besucher vorbeischrammen. Es ist umso schöner zu beobachten, dass es Programme gibt, die stärker partizipativ agieren und Nutzer und Besucher stark bei der Erarbeitung beteiligen.

————

Zolldan: Während der Treffen ist ja mehrfach die Frage aufgekommen, ob die Barrierefreiheit einer Person zu einer Barriere für eine andere Person wird. Wo wurde die Barrierefreiheit einer anderen Person aus der Gruppe zu einer Barriere für Sie oder auch andersherum?

Krüger: Das betrifft dann vor allem den Außenraum – also Konflikte zwischen Menschen mit Sehbehinderung und mobilitätseingeschränkten Menschen, da wir Sehbehinderten auf Taktilität und unterschiedliche Bodenbeschaffenheit angewiesen sind. Und Rollstuhlnutzer freuen sich natürlich über ebenerdige Flächen, während für uns eine räumliche Abgrenzung besser ist. Und in der Situation fand ich es schon schade zu beobachten, dass im Rahmen des Denkmalschutzes nicht den Wünschen der jeweiligen Gruppe gerecht geworden werden konnte. Ich habe das Gefühl, dass sich beispielsweise bei der Diskussion um die Gestaltung die Experten in eigener Sache total einig waren. Also, was das Befürworten einer auffälligen Farbgebung anging und dass es da eher Widerspruch im Haus gab, weil grelle Farben nicht zu dem Thema passen.

Kneisel: Aus Sicht der Hörbehinderten gibt es zwar oft Angebote für taube Menschen, also zum Beispiel Videos mit Gebärdensprache, aber Angebote für Hörbehinderte fehlen. Wenn man Hilfestellungen für Gehörlose nutzt, die helfen auch uns nicht, aber eine Barriere ist das nicht.

Mattern: Es ist eben wichtig, dass bei den Führungen FM-Anlagen eingesetzt werden. Ansonsten haben wir ja den Vorteil, dass wir meistens viel lesen können. Hier ist es schön, dass am Wannsee bei den Filmen Untertitel vorhanden sind und man die Hörstationen mit Induktionsschlaufe nutzen kann. Man merkt, dass sich in vielen Einrichtungen etwas tut. Man ist in letzter Zeit mehr bemüht, auch die Sinnesbeeinträchtigungen zu berücksichtigen. Vorher war es – im umgangssprachlichen Gebrauch – immer nur die Mobilitätseinschränkung.

——

Zolldan: Da wüsste ich jetzt natürlich auch gerne, wie Sie die Barrierefreiheit um unser Haus herum beurteilen.

Kneisel: Die Orientierung um das Haus herum ist für mich völlig okay. Ich weiß nicht, wie es für Blinde ist. Also, wenn ich zum Beispiel daran denke, dass ich beim ersten Mal Probleme hatte, von der Bushaltestelle zum Haus zu kommen. Ich wusste nicht, in welche Richtung es geht.

Krüger: Ich kann ja mal ein bisschen weitergehen. Als Person, die auf den öffentlichen Nahverkehr angewiesen ist, ist das schon eine Herausforderung, zum Beispiel ab dem Bahnhof Wannsee zu euch zu kommen, die richtige Bushaltestelle zu finden, auch eine angemessene Busfahrt zu erleben, denn die waren manchmal schon sehr abenteuerlich. Dann von der Bushaltestelle zu eurem Einlass und die Wege, auch der Hauptweg zum Eingang der Villa ist in keiner Weise barrierefrei. Vielleicht auch zur Cafeteria zu kommen oder vom Garten zum Wannsee ist schon wieder erschwerend, weil mir da einfach die Zuordnung der Elemente beziehungsweise die Kennzeichnung von Gefahrenquellen, wie zum Beispiel Stufen, fehlt.

Zolldan: Kannst du dazu noch einen Satz mehr sagen, denn genau das war ja auch ein Thema, das wir gemeinschaftlich diskutiert haben.

Krüger: Ja, ich habe, zumindest was den jetzigen Stand anbelangt, den Eindruck, dass hier unsere Vorstellungen zu einem barrierefreien Zugangsweg eigentlich nicht umgesetzt wurden. Wir hatten uns ein Bodenleitsystem an der Einfahrt gewünscht, einen Weg zum taktilen Grundrissmodell am Eingang der Villa und eventuell auch eine Zugänglichkeit für die Umgebung des Gartens. Wenn ich das noch richtig erinnere, waren das Gründe vonseiten des Denkmalschutzes, die das leider nicht möglich gemacht haben, und das finde ich schade, dass wir da gerade in einer solch großen Konstellation von Partnern nicht überzeugen konnten. Gerade weil ihr demonstriert habt, wie wichtig Inklusion und Barrierefreiheit sind.

Zolldan: Und wie zufrieden bist du mit der Barrierefreiheit im Haus?

Krüger: Da bin ich ganz zufrieden. Innerhalb des Hauses gibt es noch kleine Herausforderungen, zum Beispiel die Eingangssituation. Dort herrscht für mich eine sehr dunkle Licht-Atmosphäre. Oder die Schwellensituation an der Eingangstür. Steht die Tür offen? Ist die Rampe hochgefahren? Ja, da würde ich mir vielleicht nochmal Veränderungen wünschen.

Mattern: Wenn ich für uns Hörbehinderte spreche, würde ich sagen, dass unsere Anregungen insgesamt umgesetzt wurden. Um wirklich sagen zu können, ob im Haus alles barrierefrei ist, müsste man aber Abfragen in allen Bedarfsgruppen machen. Wichtig ist mir, dass man immer versucht hat, eine Lösung zu finden. Zum Beispiel bei der Diskussion mit den Türen, also dass manche Türen zu schmal waren. Dann hat man lange diskutiert und am Ende eine Lösung gefunden. Manchmal war es ein Kompromiss, aber es war eben eine Offenheit da. Und mir ist wichtig, dass wir immer unsere Wünsche formulieren konnten.

Zolldan: Es wird hoffentlich in den nächsten Monaten oder Jahren noch weitere Entwicklungen geben. Im Außenbereich, aber auch z. B. zum Fahrstuhl und den Toiletten. Es gibt zwar eine Toilette im Erdgeschoss, die als barrierearm gilt, die aber nicht den DIN-Normen entspricht. Man muss immer an den Substanzschutz hier vor Ort denken und dann aber auch an die Vorgaben zu Fragen von Barrierefreiheit. Die widersprechen sich oftmals. Deswegen hoffen wir auf ein bisschen Entlastung, wenn hier ein neues Gebäude gebaut wird, weil gerade bei Neubauten dann die entsprechenden DIN-Normen einzuhalten sind.

Mattern: Auf jeden Fall ist es so, dass ich hier im Haus nicht auf die Unterstützung meiner Familie angewiesen bin. Und das ist sehr gut. Dass man nicht voneinander abhängig ist und das Gefühl hat, immer Rücksicht auf die anderen nehmen zu müssen oder den anderen zur Last zu fallen. Auch wenn sie es immer gern machen, ist es für mich doch eine Entlastung.

——

Gryglewski: Jetzt würden wir gerne noch einmal mit Ihnen konkret über die neue Ausstellung sprechen. Schließlich sind Sie da ja in jeder Hinsicht unsere Expert*innen. Wie sieht es denn mit der Orientierung in der Ausstellung aus? Haben Sie da Schwierigkeiten?

Krüger: Ich bin in der Tat sehr zufrieden. Anfangs hatte ich immer Probleme, tatsächlich in die benachbarten Ausstellungsflügel zu kommen, weil für mich nicht offensichtlich war, wo beginnt denn der eigentliche Ausstellungsrundgang? Jetzt wird das klar deutlich. Allein durch die Eingangsstation, die mich automatisch in die richtige Richtung lenkt und orientiert am Bodenleitsystem, das da, glaube ich, allen Besuchern dient.

Kneisel: Die Orientierung in der Ausstellung ist ebenso okay wie ihr Umfang. Weil ich es auch wichtig finde, dass man sie in einem bestimmten Zeitraum besuchen kann.

Krüger: Mit dem Umfang bin ich auch sehr zufrieden, weil ich das für eine gute Reduzierung auf die wichtigen Aussagen halte. Vom Team weiß ich, dass ihr auch Führungen oder Seminare anbietet, wo einzelne Themen nochmal vertieft behandelt werden können. Ich finde das eigentlich eine gute Strategie.

Gryglewski: Wie würden Sie denn die Atmosphäre beschreiben, die die Ausstellung für Sie ausstrahlt?

Liebke: Ich finde, die Atmosphäre ist, schon aufgrund der Farbwahl, irgendwie dunkel, also quasi bedrückend. Aber man darf auch nicht vergessen, das Thema ist halt auch ein sehr ernstes, ein schweres Thema, und diese Schwere kommt durch die Farbwahl ziemlich deutlich rüber.

Janßen: Das sehe ich anders. Der Charakter der Räume ist ja erhalten geblieben. Die Ausstellungsstücke und Medienstationen sind darin übersichtlich angeordnet, und es ist genug Raum dazwischen.

Schürmann: Also ich finde auch, es sieht jetzt viel geräumiger aus. Man kam da vorher rein und wurde gleich von der Masse erschlagen. Aber jetzt hat man da den Plan zum Tasten, kann da stehen und kann gucken, ah, da geht's lang! Am Anfang kommt man dann zu der großen Videowand mit den Tippgeräuschen, und dann die Fliesen. Die Fliesen, finde ich, mit dem Blauton kommen jetzt so richtig zur Geltung. Oder der Stoff [an der Wand]: Ich finde, das passt. Oder, ich weiß gar nicht mehr, welcher Raum das war, aber es gab doch diese Sachen zum Drehen und welche, die man so rausnehmen kann. Das fand ich auch gut.

Krüger: So ganz mag ich mir da kein abschließendes Urteil erlauben, weil ich ja seit der Eröffnung [coronabedingt] leider nicht vor Ort war, um mir wirklich in aller Ruhe die Ausstellung anzusehen. Trotzdem hat man selbst bei der Eröffnung schon gemerkt, wie sich die Atmosphäre änderte und auf einmal eine andere im Haus herrscht. Zum einen werden durch die Ausstellungselemente, also die Ausstellungsarchitektur und Anordnung, mehr Neugier und mehr Konzentration auf die Hauptthemen gezogen. Und ich selbst kann entscheiden, ob und wie ich welches Thema bearbeiten möchte. Wenn ich tiefer in die Materie einsteigen will, muss ich mir das und das vornehmen. Und das ist jetzt offensichtlicher als bei der alten Dauerausstellung, wo sämtliche Informationen gleichberechtigt nebeneinanderstanden. Und dann ist da tatsächlich diese etwas luftige Atmosphäre, die die Räume jetzt vermehrt ausstrahlen, sodass ich die Architektur des Hauses noch mehr verspüre.

Teile der Fokusgruppe während
der Eröffnung am 19.1.2020,
Foto: Darja Preuss und Silas Bahr

——

Zolldan: Und wenn Sie die neue Ausstellung so im Ganzen überdenken:
Wie würden Sie Ihren eigenen Beitrag dazu beurteilen, und spiegelt er sich in
der Ausstellung?

Krüger: Meinen Beitrag halte ich für sehr wesentlich. Zu sehen ist er an den
Ergebnissen, die jetzt in der Ausstellung zu erleben sind, wo man merkt,
okay, die Anforderungen, die ich an die Ausstellung gestellt habe, wurden

aufgenommen. Selbst bei komplizierten Inhalten hat man an Lösungen gearbeitet, um die Inhalte auf sensible Art und Weise zu übertragen. Anstatt einfach zu sagen, als es zum Beispiel um die Netzwerke oder Verstrickung im Nationalsozialismus ging, das ist zu verworren, das ist zu komplex, das können wir nur akustisch lösen. Da fand ich toll, dass man drangeblieben ist, zusammen mit den Kuratorinnen und den Dienstleistern, und schließlich tatsächlich Lösungen für eine taktile Vermittlung erarbeitet hat.

———

Zolldan: Und größer gefasst, wie beurteilen Sie den Beitrag der Gruppe?

Kneisel: Unbedeutend war unser Beitrag auf jeden Fall nicht. Er hat sich eben eingefügt in die Gesamtarbeit.

Mattern: Ich würde die Ausstellung ohne Weiteres auch empfehlen. Und das hängt auch mit unserem Beitrag zusammen.

Liebke: Ich bin mir auch gar nicht sicher, ob es den Mediaguide oder das Blindenleitsystem ohne die Gruppe überhaupt gegeben hätte.

Schürmann: In meinem Umfeld habe ich allen davon erzählt und hab alle begeistert. Bei mir zu Hause wissen alle, was ich da gemacht habe.

———

Gryglewski: Wir haben ja die Ausstellung bewusst im Design für Alle gestalten wollen. Die Frage ist jetzt, ob das, was nun im Erdgeschoss zu sehen ist, dem auch entspricht. Haben Sie das Gefühl, das ist ein Design, das für alle da ist und auch gut ist? Auch für die Zielgruppen, die es vorher schon im Haus gab?

Janßen: Ein Design für Alle? Ich denke, dass vieles möglich ist, ein Design wirklich für alle ist aber wahrscheinlich eine Utopie. Aber die Ausstellung spiegelt auf jeden Fall den Willen dazu.

Liebke: Ich denke schon, und ich möchte auch beinahe sagen, es ist durchaus eine Ausstellung für alle. Aus meiner Perspektive wurde an ziemlich alle so gut wie möglich gedacht. Mein Wunsch war ja zum Beispiel auch, diese vorherige Textlastigkeit deutlich zu reduzieren, und das wurde gemacht.

Krüger: Design für Alle und eine barrierefreie inklusive Ausstellung – das sind immer diese Schlagwörter, mit denen leichtfertig umgegangen wird. Das haben wir ja auch diskutiert. Und wir haben dann oft als Community gesagt, dass es für uns schon ein wichtiges Indiz ist, wenn auf solche Elemente und Zugänge für unsere Gruppen aufmerksam gemacht wird, ohne dass alles barrierefrei ist, wie man sich das vorstellt und wie es vielleicht das Gesetz auch vorgibt. Trotzdem sind die Ansätze da, und das zeigt letztendlich die Haltung eines Hauses.

———

Gryglewski: Und kann man sehen, dass eine Gruppe von Expert*innen für Barrierefreiheit an der Ausstellung mitgearbeitet hat, dass Sie also als Gruppe daran beteiligt waren?

Kneisel: Das würde ich bejahen. Also wir können es auf jeden Fall sehen. Ob die Besucher das am Ende können, weiß ich nicht.

Mattern: Wir haben die taktilen Elemente. Wir haben das Blindenleitsystem, die Hörstationen mit induktiven Elementen und die Mediaguides mit Leichter Sprache. Ich denke schon, dass man es sehen kann.

Janßen: Und unterfahrbare Ausstellungstische.

Krüger: Man sieht es auch in der farblichen Gestaltung und der gleichberechtigten Gegenüberstellung der unterschiedlichen Text- und Verbindungselemente. Ich glaube, das hätte man als Ausstellungsteam, das nicht solche Erfahrungen hat im Umgang mit Menschen mit Behinderung, nicht leisten können. Und dann die unterschiedlichen taktilen Elemente, die auf unterschiedlichen Ebenen die Inhalte vermitteln. Und dass diese Elemente nicht nur vereinzelt auftreten, sondern gleichberechtigt in allen Räumen und sämtlichen Kapiteln der Ausstellung vorhanden sind, um tatsächlich den gesamten Inhalt der Ausstellung erfahrbar zu machen.

Winter: Es ist klar ersichtlich, dass ein recht diverses Team von *Expert*innen in eigener Sache* an der Ausstellungsgestaltung beteiligt war, denn dies spiegelt sich in den vielfältigen Zugängen wider.

Schürmann: Also, wenn das jetzt andere Leute umgesetzt hätten, hätten die sich ja auch Gedanken gemacht. Als Ausstellungsmacher denkt man dann vielleicht auch an die Rollstuhlfahrer. Man denkt, ja, die brauchen ein bisschen mehr Platz. Man denkt vielleicht auch mal an die Leute, die nicht so gut gucken können. Aber man vergisst auch ganz oft die gehörlosen Menschen oder Leute, die wirklich nicht so gut lesen können. Ich glaube, ohne uns als Gruppe wäre es für einige barrierefrei gewesen, aber nicht für so viele Leute.

Krüger: Es wird hier offen umgegangen mit dem Aspekt des inklusiven Zugangs. Und dann zeigt es sich natürlich auch vor Ort, innerhalb der Gedenkstätte, dass es Schulungen des Personals gab, die jetzt einen sicheren Umgang mit unterschiedlichen Gruppen haben. Es wird nichts versteckt. Und so wird hier auch Aufklärung betrieben. Die Besucher ohne Behinderung wissen, was hier geschieht und auch, wer noch zu den Besuchern der Gedenkstätte gehört.

———

Zolldan: Und ist vielleicht irgendetwas im Ergebnis zu kurz gekommen?

Krüger: Ja, ich glaube, wo wir etwas an unsere Grenzen gekommen sind, war der Austausch mit dem Webdesigner. Und beim digitalen Gästebuch zum Abschluss der Ausstellung. Da hatte ich das Gefühl, uns mangelt es an Zeit und noch einmal einem intensiven Austausch, um tatsächlich eine Station zu konzipieren, an der sich unterschiedliche Bedarfsgruppen einbringen und ihre Meinung wiedergeben können. Am Ende war das so ein schnelles Suchen nach technischen Möglichkeiten und das Auftun von technischen Grenzen, ohne nochmal durch entsprechende Spezialisten beraten zu werden: Wie kann man das trotzdem gut umsetzen, ohne dass es so provisorisch aussieht?

———

Zolldan: Ja, Zeit ist immer so ein Faktor. Da können wir noch organisatorisch dazulernen. Würden Sie eigentlich sagen, dass Sie durch unsere Zusammenarbeit Neues über Museen und Gedenkstätten gelernt haben?

Krüger: Ich habe einiges über Gedenkstätten gelernt. Zum Beispiel zum Thema Bildbeschreibung oder zur Zugänglichkeit gewisser Ausstellungsinhalte: Wie können sie Blinden und Sehbehinderten zugänglich gemacht werden?

Gerade wenn es um historisches Bildmaterial ging, wo ich eigentlich dafür plädierte, eine gleichberechtigte Teilhabe zu ermöglichen. Was Sehende sehen können, sollte Blinden und Sehbehinderten Personen auch vermittelt werden. Einschließlich der menschenverachtenden und gewalttätigen Szenerien. Da haben wir ja diskutiert, ob das in dem Maße tatsächlich so geleistet werden kann und soll. Eine sehende Person kann schnell weg, aber wie kann eine blinde Person mit diesem Eindruck umgehen? Oder dass man moralische Aspekte bei der Gestaltung und Vermittlung mitbedenken muss. Das waren dann auch die Momente, die ich sehr wichtig fand in dem Prozess. Dass es da noch so viel zu lernen gibt, tatsächlich hinter ein Ausstellungskonzept zu blicken, auf eure Arbeit, auf die Vermittlungsarbeit.

Mattern: Für mich ist es sehr wichtig, dass ich mich in Vorbereitung auf einen Museumsbesuch bereits per Internet darüber informieren kann, welcher Unterstützungsbedarf in Museen für Hörbeeinträchtigte angeboten wird. Da habe ich schon viele negative Erfahrungen gemacht. Man geht dann irgendwohin und ist enttäuscht. Also wenn zum Beispiel auf der Internetseite Barrierefreiheit angekündigt wird und das vor Ort dann gar nicht so gegeben ist. Wenn z. B. keine Hilfestellung zur Technik gegeben werden kann, wie eine Anlage zu verwenden ist. Ja, weil das so kompliziert und so komplex ist mit den technischen Mitteln, und jeder hat andere Voraussetzungen, einen anderen Grad an Hörverlust oder benutzt andere technische Geräte. Ich war zum Beispiel im Futurium und musste dort vier oder fünf Leute ansprechen, bis ich wusste, wie die Hörstationen funktionieren. Wichtig für mich ist auch der Ansatz, dass das Personal darin geschult ist, Behinderte beim Museumsbesuch zu unterstützen, d. h. das Personal muss die Unterstützungsangebote kennen und auch wissen, wie diese genutzt werden können.

———

Gryglewski: Für andere Einrichtungen – Museen wie Gedenkstätten – wäre es bestimmt interessant zu wissen, was sie aus diesem Projekt übernehmen können. Nicht nur bei der Ausstellung, sondern vielleicht auch aus dem Prozess der Erstellung und der Zusammenarbeit.

Mattern: Also sie sollten die Betroffenengruppen unbedingt von Beginn an in den Prozess einbeziehen.

Janßen: Ja, und bedenken, dass man bei der Expertenauswahl sehr selbstbewusste Experten braucht, die für ihre Bedürfnisse eintreten können. Wir haben anfangs einen Experten ausgewählt, der sich sehr für das Thema interessierte. Er stammte allerdings aus einer Generation, in der Menschen mit kognitiven Beeinträchtigungen nur wenig gelernt haben, für sich selbst einzutreten. Gerade in einer so großen Gruppe ist es aber für Menschen mit einer kognitiven Beeinträchtigung schwer, Gehör zu finden, weil sie sich intellektuell schnell unterlegen fühlen können.

———

Zolldan: Einige von Ihnen haben mir schon einmal gesagt, dass die Absprache der Termine manchmal zu kurzfristig stattfand.

Pargmann: Ja, das ist manchmal etwas schwierig gewesen, weil ich auch noch eine andere Arbeit habe und die Zeiten mit dem Arbeitgeber dort absprechen musste.

Zolldan: Gut. Wenn es also so ein Projekt gibt bei einer anderen Einrichtung, wovon würden Sie denn abraten?

Krüger: Es sollte schon zu Beginn klar sein, dass ein Ausstellungsentwurf ein Prozess ist. Ich sehe nicht, dass man ein allgemeingültiges Ergebnis schaffen kann. Demnach ist es umso wichtiger, das zu akzeptieren und auch im Nachgang noch andere Bedürfnisse zuzulassen und eventuell durch andere Angebote zu erweitern. Und wenn es zum Beispiel personalisierte Vermittlungsformate sind, mit denen andere zusätzliche Besuchergruppen angesprochen werden können.

———

Gryglewski: Herzlichen Dank! Wir werden Ihre Empfehlungen gerne weitergeben. Und was würden Sie sich vom Haus der Wannsee-Konferenz noch für die Zukunft wünschen?

Krüger: Was ich mir bezüglich der neuen Ausstellung vielleicht im Nachgang noch gewünscht hätte, wäre eine Zusammenkunft mit den entscheidenden Personen, die mit Besuchern zu tun haben oder bei ihrer Arbeit auf Besucher-Feedback angewiesen sind. Da hätte mich gefreut, auch bei diesen Personen Schwellenängste abzubauen und aus unserer Rolle heraus zum Umgang mit in unterschiedlichen Bedarfsgruppen zu sensibilisieren.

Zolldan: Das ist leider der Corona-Pandemie geschuldet. Wir hatten eine erste Fortbildung mit den Sachverständigen, und es war gewünscht worden, auch tatsächlich Kontakt zu euch zu haben. Zu dem Treffen konnte es dann nicht mehr kommen, es steht aber weiterhin auf der To-Do-Liste, weil es von allen als wichtig und nötig gesehen wird.

Mattern: Dem Haus der Wannsee-Konferenz würde ich empfehlen, auch in der Bibliothek und der Bildungsabteilung Angebote für Hörbehinderte zu schaffen und Workshops zu entwickeln, bei denen man mitmachen kann. Da gibt es noch Bereiche, bei denen man nachlegen kann, um Inhalte für Hörbehinderte zugängig zu machen.

Janßen: Führungen in Leichter Sprache und Tandemführungen mit einer kognitiv beeinträchtigten Person.

Winter: Tandemführungen auch für blinde und sehbehinderte Besucher.

Pargmann: Ich möchte gerne nochmal ein Treffen mit allen in der neuen Ausstellung.

Herschel: Ja, ein Treffen mit der ganzen Gruppe wäre schön.

Krüger: Ja, und dann empfehle ich, in der Tat an der Haltung festzuhalten und weiter auszubauen auf weitere Aspekte hin, die eine inklusive vielfältige Gesellschaft ausmachen. Ja, das ist mein großer Wunsch.

Zolldan: Den teilen wir! Wir werden uns sehr bemühen. An Sie alle vielen Dank für die gute Zusammenarbeit!.

GEDENK- UND BILDUNGSSTÄTTE HAUS DER WANNSEE-KONFERENZ
Am Großen Wannsee 56-58

Haus der Wannsee-Konferenz - Gedenk- und Bildungsstätte

GRUNDLAGEN DER ZUSAMMENARBEIT

Grundlagen der Zusammenarbeit der Gedenk- und Bildungsstätte Haus der Wannsee-Konferenz mit den Expert*innen in eigener Sache als Berater für eine neue barrierefreie Ausstellung

Die Gedenk- und Bildungsstätte Haus der Wannsee-Konferenz erarbeitet eine neue Dauerausstellung, die auch für Menschen mit Behinderung zugänglich sein soll. Gleichzeitig wollen wir ein „Design für alle" erreichen, damit sich alle Besuchergruppen angesprochen fühlen.

Dieser gesamte Prozess soll in enger Abstimmung mit Menschen mit unterschiedlichen Behinderungen stattfinden. Wir planen, die neue Ausstellung im Januar 2020 zu eröffnen.

Das Ausstellungsteam arbeitet seit Anfang März 2017 an einer neuen Gestaltung dieses zentralen Vermittlungsinstruments. Für die Expertinnen und Experten bedeutet dies, dass sie

- über die Nachvollziehbarkeit der Inhalte,

- die Nachvollziehbarkeit, Verständlichkeit und Lesbarkeit der Exponate,

- die gute Lesbarkeit der Texte,

- die Beschaffenheit/Baulichkeit des Ausstellungsmobiliars,

- die Orientierung zum und vor Ort sowie

- das ergänzende Material zur Arbeit (Webseite, Katalog etc.) beraten.

Gedenk- und Bildungsstätte Haus der Wannsee-Konferenz

Die Projektleitung sichert Ihnen zu:

1. Die Arbeit der Expert*innen in eigener Sache und des Ausstellungsteams der Gedenkstätte wird moderiert von den beiden externen Sachverständigen Hilke Groenewold und Dr. Christiane Schrübbers.

2. Für die Mitarbeit erhalten die Expert*innen in eigener Sache eine Aufwandsentschädigung für jede Stunde, die sie an Sitzungen teilnehmen.

3. Die notwendigen Unterlagen sowie die Sitzungen möglichst barrierefrei zu gestalten.

4. Im Falle von Interessenkollisionen entscheidet die Projektleitung, wobei sie sich um eine ausgleichende Entscheidung bemüht, die die unterschiedlichen Positionen berücksichtigt.

Dr. Hans-Christian Jasch
Direktor der Gedenk- und Bildungsstätte Haus der Wannseekonferenz

---

Für den Erfolg der Ausstellung ist es sehr wichtig, dass ein möglichst fester Personenkreis vom Anfang bis zum Ende des Projekts mitarbeitet. Deswegen sichere ich als Expert*in in eigener Sache meine verlässliche Mitarbeit bis zum Ende des Projekts zu.

1. Ich bin über meine eigene Perspektive hinaus darüber informiert, wie die allgemeinen Anforderungen an Barrierefreiheit sind, die meine Behinderung betreffen. Ich bin zunächst und vorrangig Vertreter*in meiner Interessengruppe.

2. Ich bin bereit, im Sinne aller Menschen mit Behinderungen, d. h. behinderungsübergreifend nach Lösungen zu suchen.

3. Ich will barrierefreie Lösungen unterstützen, die einen Mehrwert für viele Besucher darstellen können.

*Datum, Unterschrift Expert*in in eigener Sache*

Workshops mit den *Expert*innen in eigener Sache*

20. Juni 2017, 12 bis 16 Uhr
Krankenpflegeschule Heckeshorn, Berlin-Wannsee,
400 m von der GHWK entfernt

Teilnehmende: Projektleitung Gedenk- und Bildungsstätte Haus der
Wannsee-Konferenz (GHWK), Kurator*innen, *Expert*innen in eigener Sache* (EieS), Moderatorinnen für Barrierefreiheit (BF)

Inhalt: Begehung der Ausstellung (vor und nach dem Treffen)
Vorstellungsrunde und Erläuterung des Bezugs zum Thema

- Zusammenarbeit und Organisatorisches,
- Was bereits geschehen ist,
- Aufgaben der Fokusgruppe,
- Spannungsfeld unterschiedlicher Bedarfe aus Gedenkort, Gedenkstätten-Pädagogik und Behinderungsarten,
- Darstellung der Entscheidungsgremien und Entscheidungs-verfahren in der GHWK,
- Vertrag und Rechnungen für Aufwandsentschädigungen,
- Verweis auf Zeitplan bis zur Eröffnung

Darstellung inhaltlicher Diskussionen, Thesen und Fragen
zur möglichen Umsetzung von Barrierefreiheit und inklusiver
Besucherorientierung u. a.:

- Diskussion Leichte Sprache,
- Altersbegrenzung für Besucher*innen,
- Textorganisation,
- Highlight-Tour,
- Taktile Exponate und visuelle Erkennbarkeit des Ausstellungskonzeptes

11. September 2017, 12 bis 17 Uhr
GHWK, Berlin-Wannsee

Teilnehmende: Projektleitung GHWK, Kurator*innen, EieS, Moderatorinnen BF

Inhalt: Grundlagen der Zusammenarbeit, Entscheidungshierarchien
in Konfliktfällen, zeitlicher Ausblick

Kurator*innen stellen Stand des Grobkonzepts dar:

• Inhalte und Module (inklusive Hands-On-Stationen und
Stationen zur Geschichte der Villa),
• Belegung der Räume,
• Überlegungen zur Barrierefreiheit

Arbeit in zwei behinderungsübergreifenden Gruppen
Diskussion über Bedarfe und Anregungen von EieS

———

14. November 2017, 11 bis 16 Uhr
Gedenkstätte Deutscher Widerstand, Berlin-Tiergarten

Teilnehmende: Guide der GHWK Projektleitung GHWK, EieS,
zwei Kurator*innen, Moderatorinnen BF

Inhalt: Reflexion über Abschlusszitate von Zeitzeugen und deren
Nachkommen in der vorherigen Dauerausstellung,
Einordnung wesentlicher Ereignisse auf zwei Zeitstrahlen:

1. Zeit des Nationalsozialismus in Deutschland von 1933–45

2. zum Antisemitismus und zur rechtlichen Ahndung der
Gräueltaten

24. April 2018, 13 bis 16 Uhr
GHWK, Berlin-Wannsee

Teilnehmende: Projektleitung GHWK, EieS, Kurator*innen, Moderatorinnen BF

Inhalt: Präsentation von zentralen Elementen aus den eingereichten Wettbewerbsarbeiten zur Gestaltung der Ausstellung, Sammlung von Rückmeldungen durch die EieS

———

4. Juli 2018, 13 bis 16.30 Uhr
Gedenkstätte Deutscher Widerstand, Berlin-Tiergarten

Teilnehmende: Mitarbeiterin der Bildungsabteilung, Projektleitung GHWK, EieS, zwei Kurator*innen, Moderatorinnen BF

Inhalt: Analyse von Textelementen des Protokolls der Wannsee-Konferenz in Kleingruppen, Auseinandersetzung mit der späteren Strafverfolgung der Teilnehmer der Wannsee-Konferenz

———

5. September 2018, 13 bis 16 Uhr
GHWK, Berlin-Wannsee

Teilnehmende: Projektleitung GHWK, EieS, Kurator*innen, Moderatorinnen BF

Inhalt: Partizipationsmöglichkeiten der EieS steigern: mehr Wissen, mehr Fragen, mehr inhaltliche Einbindung

Diskussion zu angepasstem Grobkonzept und Mediaguides: Welche Geräte? Positionierung von Screens; Screens nur für Deutsche Gebärdensprache oder alle Sprachen?

Sondierung für mögliche gemeinsame Öffentlichkeitsarbeit

28. November 2018, 14 bis 17.30 Uhr
Gedenkstätte Deutscher Widerstand, Berlin-Tiergarten

Teilnehmende: Projektleitung GHWK, EieS, Kurator*innen, Moderatorinnen BF

Inhalt: Abstimmung zum Feinkonzept und Sichtbarkeit barrierefreier Maßnahmen

Blinden-Leitsystem: Verlauf in der Ausstellung und Planung für Außenbereich

Präsentation und Diskussion über taktile Elemente, das Empfangsmöbel, weitere Ausstellungsmöbel, Sitzgelegenheiten, Vitrinen, Tische, Hands-On-Stationen, Hörstationen

Vorstellung der Bedarfe von Menschen mit Psychiatrieerfahrung

——

18. Januar 2019, 14 bis 17.30 Uhr
Anne-Frank-Zentrum, Berlin-Mitte

Teilnehmende: Projektleitung GHWK, Gestalterin Vera Franke, EieS, Moderatorinnen BF

Inhalt: Erste Begegnung der EieS mit dem Gestaltungsbüro der Ausstellung in der GHWK, das auch die Ausstellung im Anne-Frank-Zentrum erarbeitet hat

Präsentation der Ausstellung »Alles über Anne« durch die Leiterin der Bildungsabteilung mit Fokus auf Barrierefreiheit und Inklusion anhand von vier Beispielen

Prüfung der Gestaltung und Konzeption durch die EieS und Rückmeldung

25. März 2019, 14 bis 15.30 Uhr
Gewerbehof des Büros Franke | Steinert, Berlin-Kreuzberg

Teilnehmende: Projektleitung GHWK, Franke | Steinert (Ausstellungsgestaltung) und Christine Kitta (Grafik), EieS, Moderatorinnen BF

Inhalt: Begutachtung von mehreren Möbel-Mockups im Maßstab 1:1

Beurteilung von Funktionalität und Ergonomie und von zu bewegenden Elementen

Erkennbarkeit von Abbildungen, Markierungen, Nummerierungen und Piktogrammen

Lesbarkeit von in Möbel eingelassenen Dokumenten sowie der Schriftgrößen der unterschiedlichen Textarten

―――――

25. Juni 2019, 12 bis 17.15 Uhr
GHWK, Berlin-Wannsee

Teilnehmende: Projektleitung GHWK, Firma Linon, Vera Franke, EieS, Moderatorinnen BF

Inhalt: Tour durch die Baustelle

Screen-Design: Präsentation und Diskussion von Entwürfen auf bereits gelieferten Bildschirmen

Audioguide und Mediaguide: Präsentation der Geräte

Diskussion über Touren, Frage nach einer Highlight-Tour; 2 bis 3 Kleingruppen beschäftigen sich mit den Besonderheiten von Ausstellungsraum 2 und bearbeiten ausgewählte Exponate

14. Oktober 2019, 13 bis 16 Uhr
GHWK, Berlin-Wannsee

Teilnehmende: Projektleitung GHWK, Firma Lime Flavour, EieS,
               Moderatorinnen BF

Inhalt: konzeptionelle Diskussion zum Layout und zu Inhalten der
               Website

               Diskussion über Navigation, Kontraste, Verortung von
               Leichter Sprache und DGS-Videos, Tools zur individuellen
               Einstellbarkeit der Texte, Vorstellung der Piktogramme zur
               Barrierefreiheit

Cornelia Siebeck

ARBEITSAUFTRAG: »EINFACHE SPRACHE«

Reflexionen zur Gestaltung der Ausstellungstexte

Beim Nachdenken über diesen Beitrag stieß ich auf eine E-Mail, die ich während der Redaktion der Ausstellungstexte an Elke Gryglewski geschrieben habe, die im laufenden Arbeitsprozess meine zentrale Ansprechpartnerin war. Ich war damals gerade unter Hochdruck mit dem »Textpaket I« beschäftigt und wollte einen ersten Eindruck vom Stand der Dinge vermitteln:

Liebe Elke,
hier schicke ich dir einen empfehlenswerten Artikel zum Thema Ausstellungstexte – darin mein Lieblingszitat: »… dass die Texte in einer Sprache abgefasst sein müssen, die sich in die alltägliche Konversation der Besucher nahtlos einfügt; und die Fachkollegen und Kuratoren sind ausdrücklich nicht jene Besucher, an die wir dabei denken …«[1]
Keine Sorge, ich gehe davon aus, dass es keine größeren Probleme geben wird mit den Reformulierungen der bisherigen Texte. Von »Nahtlosigkeit« kann bei dem Thema wohl eh nicht die Rede sein, und die kritischen Fachkolleg*innen stehen natürlich im Raum. Aber es geht an vielen Stellen schon trotzdem deutlich niedrigschwelliger.
Manchen an mich gerichteten Hinweisen im Drehbuch entnehme ich, dass vonseiten der Kurator*innen nicht davon ausgegangen wird, dass es viele Veränderungen geben wird. Dem ist nicht so. Bisher gibt es keinen Text, der nicht der Reformulierung bedarf.

Herzliche Grüße, Cornelia[2]

Jenseits ihres vielleicht etwas forcierten Optimismus (»Keine Sorge ...«) deutet diese E-Mail einige Unsicherheiten und Dilemmata an, die mich bei meiner Arbeit begleiteten. Tatsächlich war ich mit Blick auf Fachpublikum und Kurator*innen in steter Sorge, die Texte allzu sehr herunterzubrechen. Und zugleich: noch lange nicht genug für Social-Media-Media-geprägte Besucher*innen mit entsprechend bemessener Lese- und Aufnahmebereitschaft.

Als Außenstehende zu einem relativ späten Zeitpunkt angeheuert, um die von den Kurator*innen verfassten Texte sprachlich zu vereinheitlichen und – vor allem – zu vereinfachen, befand ich mich in einer schwierigen Position: zwischen Kurator*innen, Projektleitung und Kommentaren des wissenschaftlichen Beirats; zwischen historiografischem Anspruch, der besonderen Qualität des Themas und der Aufgabe, gut lesbare Texte für »Laien« zu produzieren.

Mein Arbeitsauftrag lautete dabei zunächst einmal schlicht: »Einfache Sprache«. Was darunter im Kontext einer wissenschaftlich fundierten Ausstellung über die Verfolgung und Ermordung der europäischen Jüdinnen und Juden zu verstehen sein könnte, hat sich erst im Laufe des gemeinsamen Arbeitsprozesses herauskristallisiert. Diesen möchte ich im Folgenden noch einmal schlaglichtartig reflektieren, um abschließend einige praktische Hinweise zu geben.

Vorab sei betont: Die in der zitierten E-Mail geäußerte Hoffnung, dass es bei unserer Textarbeit »keine größeren Probleme geben wird«, hat sich erfüllt. Das war nicht zuletzt der guten Grundlage geschuldet, die mir von den Kurator*innen zur Verfügung gestellt wurde. Trotz meiner Bearbeitung sind es nach wie vor ihre Texte, die in der Ausstellung zu lesen sind.

---

1   Evelyn Dawid/Robert Schlesinger, Die Zeichen an der Wand – Wissensvermittlung in Sekundenschnelle, in: dies. (Hrsg.), Texte in Museen und Ausstellungen. Ein Praxisleitfanden, Bielefeld 2002, S. 49–84, hier S. 52. Der Artikel sei allen Ausstellungsmacher*innen wärmstens ans Herz gelegt!

2   E-Mail der Autorin an die stellvertretende Leiterin der Gedenk- und Bildungsstätte Haus der Wannsee-Konferenz, Elke Gryglewski, sprachlich etwas geglättet, Herv. i. O., 16. Mai 2019.

Professionelle Spannungsverhältnisse

Als ich gefragt wurde, ob ich die Textredaktion für die neue Dauerausstellung übernehmen will, war ich zunächst überrascht. Zwar hatte ich Erfahrung mit dem Lektorat von allerart wissenschaftlichen, didaktischen und publizistischen Texten. Mit dem spezifischen Genre des Ausstellungstextes hatte ich mich aber bisher noch kaum professionell beschäftigt – geschweige denn in »Einfacher Sprache«.

Zugleich konnte ich durchaus nachvollziehen, dass für diese Arbeit jemand gesucht wurde, die mit den inhaltlichen und pädagogischen Anliegen des Haus der Wannsee-Konferenz vertraut ist und – als Historikerin – auch eine gewisse Verpflichtung gegenüber dem akademischen Diskurs und dem kritischen Blick der Expert*innen empfindet. Im Grunde bin ich mir jedoch bis heute nicht sicher, nach welchen Kriterien ein solcher Auftrag vergeben werden sollte. Es könnte auch von Vorteil sein, für die Textredaktion einen gänzlich externen Profi heranzuziehen, der oder die sich ausschließlich dem Wohl der künftigen Ausstellungsbesucher*innen verpflichtet fühlt.[3] Voraussetzung dafür wäre allerdings, dass eine solche Person von den inhaltlich Verantwortlichen nicht als wissenschaftlich ignoranter »Laie« betrachtet, sondern in ihrer eigenständigen Kompetenz respektiert wird; außerdem müsste man dann mehr Zeit für die gemeinsame Diskussion einplanen.

Nachdem ich den Auftrag angenommen hatte, machte ich mich auf die Suche nach einer geeigneten Fortbildung. Das war schwieriger als gedacht. Während es für Leichte Sprache jederzeit eine Vielzahl von Angeboten gibt, fand ich nur eine einzige zeitnahe Veranstaltung zu Einfacher Sprache, und zwar bei der Lebenshilfe Hamburg.[4] Tatsächlich hat mir diese Fortbildung viel gebracht, wenn auch nicht primär auf der unmittelbar sprachlichen Ebene.

---

3   Dazu wird in der Literatur durchaus geraten, siehe Ewelyn Dawid/Robert Schlesinger, Texte schreiben als Beruf – Der deutsche Sprachraum im Hintertreffen, in: dies. (Hrsg.), Texte in Museen und Ausstellungen, S. 25–33, hier S. 28.

4   Siehe Büro für Leichte Sprache/Lebenshilfe Hamburg, Unsere Fortbildungen im Überblick, https://ls.lhhh.de/unsere-fortbildungen-im-ueberblick-2/. Während Leichte Sprache über ein klares Regelwerk verfügt, folgt Einfache Sprache nur einigen groben Leitlinien, siehe u. a.: Gudrun Kellermann, Leichte und Einfache Sprache – Versuch einer Definition, in: Aus Politik und Zeitgeschichte 9–11 (2014), S. 7–10.

Die Regeln für einfaches Schreiben, speziell auch von Ausstellungstexten, lassen sich problemlos auch anderweitig auffinden.[5] Im Grunde handelt es sich dabei ja auch gar nicht um eine hohe Kunst, die man erst mühsam erlernen muss, sondern um etwas, an das man sich nur wieder erinnern muss: Wir alle haben dereinst beim Schreibenlernen einmal einfache Sätze gebildet.

Der wesentliche Erkenntnisgewinn aus der Fortbildung lag vielmehr darin, dass mir das Ausmaß der Übersetzungsprobleme bewusst wurde, mit denen die Kurator*innen und ich konfrontiert waren. Außer mir war unter den Teilnehmer*innen niemand Historiker*in oder hatte beruflich mit Gedenkstättenarbeit zu tun. Einige waren journalistisch tätig, andere wollten Websites überarbeiten oder niedrigschwellige Bildungsmaterialien erstellen. Die Dozentin war eine langjährige Expertin für Leichte Sprache und regte zu starken Vereinfachungen an.

Ich hatte zur Diskussion einen kuratorischen Textentwurf von 350 Zeichen mitgebracht, der sich mit den Nürnberger Gesetzen befasste. Das gemeinsame Arbeitsergebnis war für mich hochgradig irritierend: Aus *Jüdinnen und Juden sind künftig keine gleichberechtigten Staatsbürger mehr* wurde *Juden dürfen keine Deutschen sein*; aus *nichtjüdischen Deutschen* wurden schlicht *Deutsche*. Der auch im Ausstellungsteam kontrovers diskutierte Satz *Der Antisemitismus wird damit zur Staatsdoktrin* wurde unisono für unzulässig erklärt. Es blieb die Aussage, dass »Deutsche« und »Juden« nicht heiraten und keinen Sex haben dürfen. Kein Gendern, keine abstrahierende Einordnung der Gesetze, und am schlimmsten: eine sprachliche Dichotomie zwischen »Deutschen« und »Juden«, um deren Tilgung sich die historisch-politische Bildung seit Jahrzehnten bemüht.[6]

---

5 Siehe z.B. Domingos Oliviera, Leitlinien/Regeln der einfachen Sprache, https://www.netz-barrierefrei.de/wordpress/einfache-sprache/regeln-fuer-einfache-sprache/; für Ausstellungstexte Dawid/Schlesinger, Die Zeichen an der Wand; komprimiert Jürgen Kniep, Faustregeln für Texte auf Ausstellungstafeln, http://www.mpz-bayern.de/upload/pdf_materialien/14_Texte_auf_Ausstellungstafeln.pdf.

6 Im finalen Ausstellungstext heißt es: »Die NS-Führung reagiert auf die antijüdische Stimmung / mit neuen Gesetzen. Jüdinnen und Juden verlieren / alle politischen Rechte. Heiraten zwischen jüdischen / und nicht-jüdischen Deutschen sind jetzt verboten. / Auch sexuelle Beziehungen werden streng bestraft. [...].«

Inhaltliche Anliegen versus Einfache Sprache

Tatsächlich bekam ich hier eine Ahnung von der Gratwanderung, die bei der Gestaltung der Ausstellungstexte zu bewältigen war. In der professionellen Vermittlungsarbeit zu den NS-Verbrechen haben wir inhaltliche Prämissen, die sich nicht reibungslos in Einfache Sprache übersetzen lassen. Und das scheint mir weniger einem akademischen Distinktionsbedürfnis geschuldet als der spezifischen Qualität unseres Themas. Im Grunde *wollen* wir es den Besucher*innen gar nicht »leicht machen«: Im Wissen darum, dass viele von ihnen stark verkürzte bis falsche Vorstellungen von der nationalsozialistischen Verfolgungs- und Mordpolitik mitbringen, ist eines unserer zentralen Anliegen, sie als einen vielschichtigen und dynamischen Prozess zu vermitteln, der sich eben *nicht* ohne Weiteres »auf einen einfachen Nenner« bringen lässt.[7]

Wir wollen Akteure, Verbrechenskomplexe und Tatorte kenntlich machen und historische Abläufe als aktive Handlungen mit konkreten Urheber*innen beschreiben. Dabei bekämpfen wir – zumeist implizit[8] – immer auch verbreitete Klischees, etwa die Vorstellung, dass »Juden« nicht wirklich »Deutsche« waren. Wir vermeiden bestimmte Schlagworte, die wir für problematisch halten, etwa den Begriff »Holocaust«. Im Haus der Wannsee-Konferenz sollen speziell auch die juristischen und verwaltungsmäßigen Dimensionen des Verfolgungs- und Mordgeschehens nachvollziehbar gemacht werden, ohne aber die damit einhergehende bürokratische Sprache zu reproduzieren. Und nicht zuletzt wollen wir den allgemeinen Standards eines politisch reflektierten Sprachgebrauchs gerecht werden, also etwa konsequent gendern.

Das Problem: Fast alle dieser Anliegen stehen einer einfachen, gut lesbaren Sprache diametral entgegen – vor allem, wenn die Zeichenzahl knapp bemessen

---

7   An mir selbst konnte ich während der Textarbeit beobachten, dass ich bei der Bearbeitung der Teile, die unmittelbar die NS-Geschichte betrafen, sehr viel angespannter war als bei der Bearbeitung der Texte zur Nachkriegszeit. Tatsächlich habe ich im Umgang mit den nationalsozialistischen Massenverbrechen offenbar ein deutlich größeres Verantwortungsbewusstsein als im Umgang mit vielen anderen historischen Perioden.

8   So wurde etwa der Terminus »Wannsee-Konferenz«, der aus Sicht der Ausstellungsmacher*innen mit der falschen Annahme konnotiert ist, dass hier die Entscheidung zum Massenmord gefallen sei, in der neuen Dauerausstellung nicht explizit dekonstruiert, sondern stillschweigend durch »Besprechung am Wannsee« ersetzt.

ist und Ausstellungstexte so geschrieben sein sollen, dass Besucher*innen sie schnell erfassen können. Und das heißt: nicht mehr als 60 Zeichen pro Zeile, wobei möglichst jede Zeile eine Sinneinheit bilden sollte.

Differenzierung versus Komplexitätsreduktion

Einige Beispiele: *Verfolgung und Ermordung der europäischen Jüdinnen und Juden* ist schwieriger zu erfassen und verbraucht sehr viel mehr Zeichen als *Holocaust*. Der Terminus *Besprechung am Wannsee* ist der historischen Bedeutung des bezeichneten Geschehens sicher angemessener als der herkömmliche Begriff *Wannsee-Konferenz*. Eingängiger (und kürzer) wäre aber zweifellos der etablierte Begriff. *In den besetzten Gebieten Polens* ist länger und deutlich schwerer zu lesen als *im besetzten Polen* (oder gar *in Polen*). Und so sehr ich den Wunsch nach historischer Genauigkeit teile, hat sich mir bei der Textarbeit mitunter doch die Frage gestellt, ob die jeweiligen Differenzierungen bei den Besucher*innen auch ankommen.

Das Anliegen, die Täter*innen präzise zu benennen, führt zumindest in der Beschreibung größerer Zusammenhänge häufig zu langen Aufzählungen verschiedener Institutionen, Organe oder Personengruppen. Zugleich lässt sich das Wissen um deren jeweilige Funktion bei Besucher*innen nicht unbedingt voraussetzen und müsste jedes Mal erklärt werden, was allerdings vom Platz her unmöglich und informationsökonomisch widersinnig wäre. Viele Bezeichnungen von NS-Institutionen sind wahre Wortungetüme, von der »Besatzungsverwaltung« über das »Reichssicherheitshauptamt« bis zur »Vierjahresplanbehörde« – und nur bei Letzterer konnten wir uns dazu durchringen, sie durch einen Bindestrich besser lesbar zu machen.

Ich könnte noch zahlreiche weitere Probleme anführen, mit denen wir bei der Gestaltung der Ausstellungstexte zu tun hatten: Etwa die Unmöglichkeit, bei einer begrenzten Zeichenzahl konsequent auf Passivkonstruktionen[9] und substantivierte Verben zu verzichten; ebenso lassen sich Fremdwörter bei unserem Thema kaum vermeiden (»Antisemitismus«, »Rassismus«, »Deportation«). Oder die Notwendigkeit, Nazi-Terminologie in Anführungsstriche zu setzen, die den Lesefluss stören – und die damit verbundene Frage, von welchen Begrifflichkeiten wir uns distanzieren wollen und von welchen nicht: Warum »Arier«, aber nicht »Jude«?[10]

Das Ergebnis: Flüssig, aber nicht »einfach«

Die meisten dieser Fragen waren bereits entschieden, bevor ich mit meiner Redaktionstätigkeit begonnen habe. Vielfach waren das bewusste Entscheidungen, und mitunter dürfte das imaginierte Fachpublikum dabei tatsächlich eine größere Rolle gespielt haben als das Wohlergehen künftiger Besucher*innen. In anderen Fällen wurde wohl eher intuitiv entschieden, gemäß den spezifischen Anliegen einer professionellen Vermittlungsarbeit zu den NS-Verbrechen.

Für mein Gefühl konnte ich mit einer sehr guten Textgrundlage arbeiten, die aber weit von Einfacher Sprache entfernt war. Zwar habe ich alle mir vorliegenden Texte noch einmal systematisch vereinfacht, Informationen verringert und reorganisiert, Terminologien vereinheitlicht und den Wortschatz reduziert – Texte in Einfacher Sprache sind daraus aber trotzdem nicht geworden (und natürlich wurden auch nicht alle Änderungsvorschläge angenommen).

Das Ergebnis sollten nun andere beurteilen. Mein Eindruck ist, dass wir im Zuge eines work in progress überwiegend klare und flüssig lesbare Texte produziert haben, die aufseiten der Besucher*innen allerdings ein gewisses Sprachniveau und Kontextwissen voraussetzen. Hätte man die sprachliche Erzählebene noch einfacher gestalten wollen, hätte man bereits in der Konzeption der Ausstellung andere Prioritäten setzen müssen. Man hätte dann vermutlich sehr viel weniger erzählen können, sich auf wenige didaktische Ziele beschränken und von manchen inhaltlichen Ansprüchen verabschieden müssen – und da stellt sich die Frage, ob das für eine wissenschaftlich fundierte Ausstellung, die einen ebenso umfassenden wie facettenreichen Eindruck von der nationalsozialistischen Verfolgungs- und Mordpolitik gegenüber Jüdinnen und Juden vermitteln will, überhaupt ein gangbarer Weg gewesen wäre.

---

9 Passivkonstruktionen werden in Leitfäden für die Gestaltung von Ausstellungstexten regelmäßig stark problematisiert. Meines Erachtens ist aber nicht jede Passivkonstruktion per se schwer zu lesen, und ich denke, dass der Gebrauch in unserem thematischen Zusammenhang mitunter durchaus Sinn macht: Nicht selten geht es darum, dass Menschen etwas geschieht, dem sie ohnmächtig ausgesetzt sind, und das lässt sich durch eine knappe Passivkonstruktion mitunter besser ausdrücken als durch einen längeren Satz in aktiver Form.

10 Der Terminus »Jüdinnen/Juden« wird in der Ausstellung nahezu durchgängig im Sinne der rassistischen Logik der nationalsozialistischen Verfolgungs- und Mordpolitik verwendet und nicht gemäß dem Selbstverständnis der Betroffenen. Genau genommen müsste es immer »als Jüdinnen/Juden definierte Menschen« heißen.

Praktische Empfehlungen für die Textarbeit

Abschließend möchte ich mit Blick auf künftige Ausstellungsprojekte einige praktische Hinweise geben. Auch wenn die Macher*innen historischer Ausstellungen sich mittlerweile bemühen, ihren Exponaten mehr Eigensinn zuzugestehen, bleibt Text ein zentrales Vermittlungsmedium. Der Textarbeit sollte daher gebührende Aufmerksamkeit gewidmet werden.

——

Textgestaltung als konzeptionelles Element: Obwohl die Textproduktion eher am Ende des Arbeitsprozesses steht, sollte die sprachliche Erzählung von Beginn an als essenzieller Bestandteil der Ausstellungskonzeption gedacht werden. Wesentliche Aspekte der Textgestaltung sollten also bereits in der Konzeptionsphase festgelegt werden – und zwar nicht nur mit Blick auf systematische und formale Fragen (z. B. Textebenen und deren jeweiliger Umfang), sondern auch hinsichtlich des konkreten Sprachgebrauchs (z. B. Zielgruppen, terminologische Entscheidungen).

——

Textarbeit als Faktor im Zeitplan: Den mit der Textarbeit verbundenen Arbeitsschritten muss im Zeitplan ausreichend Raum gegeben werden. Zunächst einmal müssen die Texte geschrieben, mit der Projektleitung und gegebenenfalls einem wissenschaftlichen Beirat rückgekoppelt werden. Auch die redaktionelle Bearbeitung braucht ihre Zeit: Ich habe z. B. etwa 200.000 Zeichen in zwei Paketen bearbeitet, für die ich jeweils einen Monat gebraucht habe. Im Vorfeld haben wir einen Workshop mit Projektleitung und Kurator*innen veranstaltet, bei dem wir anhand erster Probetexte zentrale Gestaltungskriterien besprochen haben. Im Zuge meiner Redaktionstätigkeit habe ich die Texte dann nicht nur reformuliert, sondern auch mit zahlreichen Fragen und Anmerkungen versehen, die anschließend von Kurator*innen und Projektleitung zu klären waren. Bestenfalls sollte eine überarbeitete Version nochmals abschließend redigiert und abgenommen werden. Zuletzt muss ein Korrektorat erfolgen, möglicherweise stehen darüber hinaus noch Übersetzungen an.

——

Textarbeit als Faktor in der Kosten- oder Personalplanung: Wenn die redaktionelle Bearbeitung extern vergeben wird, muss ein entsprechendes Budget eingeplant werden. Ich habe z. B. mit einer Normseite (1650 Zeichen) pro

Stunde und einem Stundenlohn von 70 Euro gerechnet. Wird die Arbeit intern vergeben, sollte die beauftragte Person für einen ausreichenden Zeitraum von anderen Tätigkeiten freigestellt werden, um die Arbeit konzentriert erledigen zu können.

——

Organisatorische Prämissen für die Textredaktion: Die redaktionelle Arbeit muss en bloc erfolgen. Es können auch mehrere Blöcke vereinbart werden, die aber in sich kohärent sein sollten. Ich habe z. B. zunächst alle Texte bearbeitet, die auf Wände und Möbel gedruckt werden sollten; im zweiten Schritt die Texte für mobile Ausstellungselemente und (die meisten) Medienstationen. Zur reibungslosen Bearbeitung benötigt man ein übersichtlich aufbereitetes und vollständiges Drehbuch, in dem unterschiedliche Ausstellungselemente markiert sind. Zudem muss es ein Stylesheet geben, das formale und terminologische Vorgaben zusammenfasst. Die Exponate müssen jederzeit zugänglich sein, etwa über einen Filesharing-Dienst. Um die inhaltliche Abfolge der Ausstellung nachvollziehen zu können, braucht man Raumpläne und Wandansichten. Hilfreich ist zudem ein kleines Literaturkompendium, um nicht bei jeder inhaltlichen Unsicherheit nachfragen zu müssen.

——

Formale Voraussetzungen für die Textredaktion: Das Drehbuch sollte in Form von einer oder mehreren Textdateien bereitgestellt werden. Dabei ist darauf zu achten, dass alle Beteiligten mit dem gleichen Textverarbeitungsprogramm und einer einheitlichen Schriftart arbeiten. Am Ende jeder Textzeile sollte eine Absatzmarke gesetzt werden, damit Zeilen beim Hin- und Herschicken nicht verrutschen. Ansonsten sollten Textformatierungen auf ein Minimum beschränkt sein.

——

Strukturierung des Arbeitsprozesses: Zwischen den Beteiligten muss es eine klare Rollenverteilung und Kommunikationsstruktur geben. Eine Person sollte die Koordination übernehmen, und es muss eindeutig festgelegt sein, wer zu welchem Zeitpunkt welche Entscheidungskompetenzen hat.

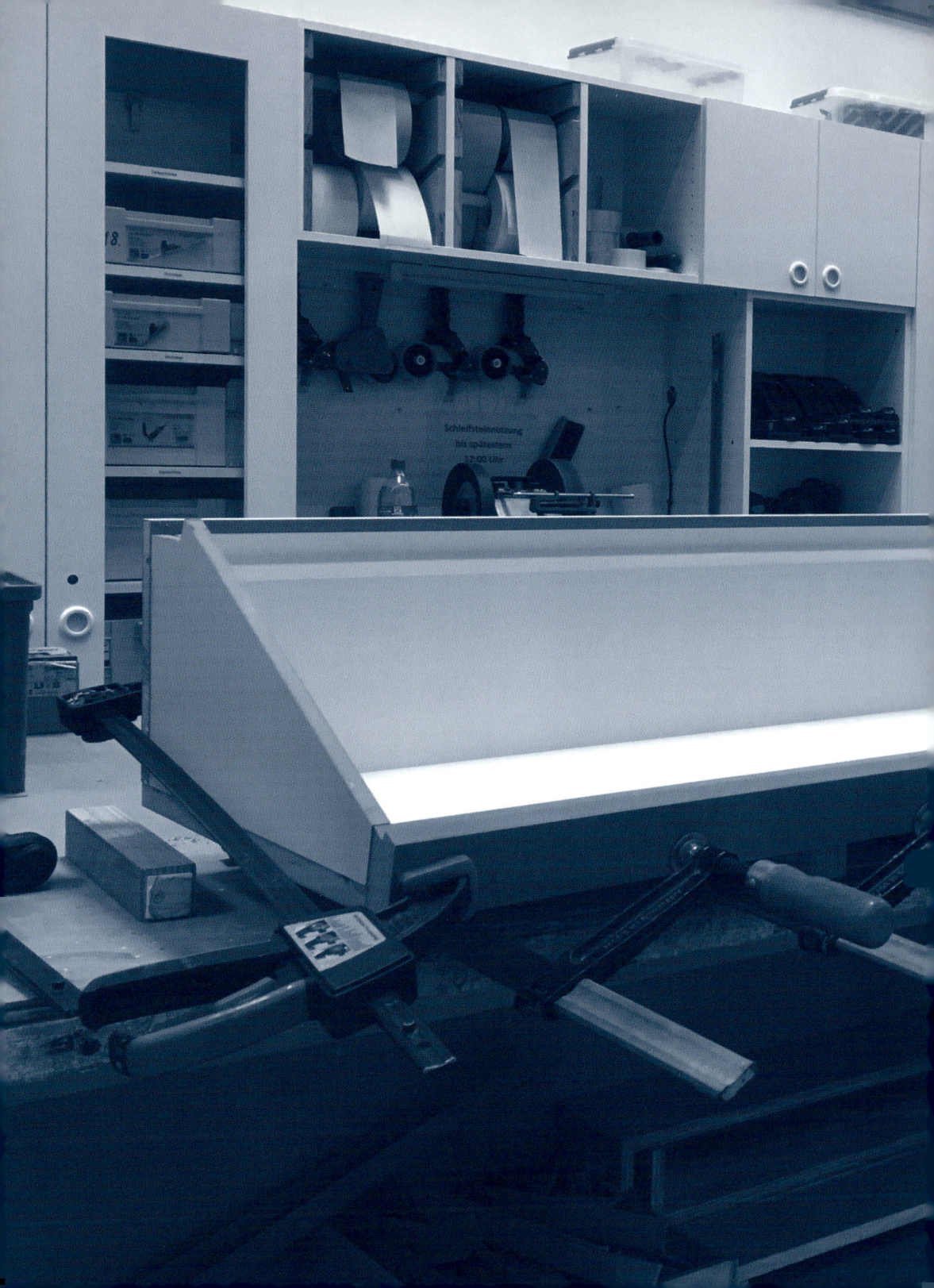

Möbelbau bei der Tischlerei D4 Projekt,
August 2019, *Foto: GHWK*

Linon Medien

AUDIO- UND MULTIMEDIAGUIDE

Führungen für Alle

Das Kurzfassen

Eine Kardinaltugend beim Entwickeln einer Hörführung für eine Ausstellung ist das Kurzfassen. Das mag zunächst paradox klingen, denn natürlich ist der Audioguide ein Instrument zur weiteren Erläuterung und Vertiefung, zur Heranführung an Sachverhalte, an Exponate und ihre Geschichte, zur Vermittlung von Hintergründen. All das braucht Zeit und Raum. Überhaupt liegt es in der Natur der Sache, dass es über Objekte, Themen und Zusammenhänge, die eine Ausstellung wert sind, in der Regel erstaunlich viel zu erzählen gibt – meist viel mehr, als beim gewöhnlichen Ausstellungsbesuch aufgenommen werden kann. Handelt es sich z. B. um Kunst, ein Freilandmuseum oder eine archäologische Schau, werden die Fragen nach der Gewichtung von vielen Einzelinformationen durch einen gewünschten thematischen Fokus oder die Ansprache bestimmter Zielgruppen zumindest teilweise beantwortet, was beim Kurzfassen und Weglassen natürlich hilft.

Doch was ist – und mit dieser Frage mussten wir uns immer wieder auseinandersetzen – was ist, wenn es sich um eine Ausstellung mit engem bzw. ausschließlichem Bezug zum Nationalsozialismus handelt? Wenn dieser einzigartige historische Komplex im Fokus steht, mit millionenfachem Mord, von großen Teilen der Gesellschaft mitgetragen, über eine Zeit, in der Verfolgungen flächendeckend und buchstäblich bis in die hinterste private Ecke stattfanden, sodass die dritte und vierte Folgegeneration noch immer mit der Aufarbeitung beschäftigt ist und vermutlich noch lange sein wird – was von all dem soll man guten Gewissens weglassen? Welches Detail darf dabei unter den Tisch fallen? Welche Tat, welche Unterlassung kann unerwähnt bleiben?

Spätestens mit der Frage, welche der Verfolgten erwähnt werden sollen, wessen Leidensgeschichte erzählt werden muss, wirkt allein der Versuch einer Antwort völlig grotesk, eine Auswahl scheint unmöglich – und doch muss sie getroffen werden.

Exponatauswahl

Gleich bei den ersten inhaltsbezogenen Gesprächen mit dem Ausstellungsteam der Gedenk- und Bildungsstätte Haus der Wannsee-Konferenz im Mai 2019 war zu erkennen, wie viele solch schwieriger Entscheidungen beim Konzipieren der Ausstellung getroffen wurden, wie viele Diskussionen im Hause diesbezüglich bereits geführt worden waren. Handelte es sich bei der neuen Dauerausstellung schon um ein Kondensat, das einen großen chronologischen Bogen vom Ende des Ersten bis weit nach dem Zweiten Weltkrieg, ja eigentlich bis heute oder sogar in die Zukunft spannt, galt es nun zu Beginn unserer Zusammenarbeit, aus diesem Arrangement einzelne Exponate für Audio- und Multimediaguide auszuwählen. Auf welche Dokumente oder Bilder muss man vielleicht besonders hinweisen? Welche lässt man lieber unerwähnt, vielleicht auch, weil sie ihre Wirkung besser entfalten können, wenn die Besucher*innen sie selbst entdecken und rezipieren? Welche Stationen sind besonders geeignet, die Meta-Ebene, also zunächst die Raumthemen, aber auch das »große Ganze« zu transportieren?

Ein erster Entwurf, welche Themen aus den jeweiligen Räumen im Guide aufgegriffen werden sollten, erleichterte die Auswahl. Nach gemeinsamen Beratungen machten die Mitarbeiter*innen der Gedenk- und Bildungsstätte präzise Vorschläge für eine Auswahl, an einigen Stellen mit der Bitte um Präzisierung von unserer Seite.

Eine weitere Entscheidung, die gemeinsam in einer Sitzung gefällt wurde, betraf die fünf Hörstationen in Raum 4, die fünf persönliche Erfahrungsberichte von Verfolgten beinhalten. Während wir zunächst den Vorschlag diskutierten, nur zwei dieser Geschichten auszuwählen, entschieden wir uns bald dafür, sie alle in den Guide aufzunehmen. Jeder dieser Erfahrungsberichte sollte gehört werden können. Sobald eine Besuchergruppe alle fünf Hörstationen belegt, bietet der Audioguide die Möglichkeit, die Erfahrungsberichte etwa auch im angrenzenden Auftaktraum mit Blick auf den Wannsee zu hören.

Beispiele für die Umsetzung

In einem weiteren Arbeitsschritt wurden von Mitarbeiter*innen der Gedenkstätte Lernziele formuliert – teils für einzelne Exponate, teils für ganze Räume. So ließen sich bspw. im zweiten Raum der Ausstellung, der viele Entwicklungsschritte über einen langen Zeitraum zum Thema hat, zu den jeweiligen Subthemen und Lernzielen passende Exponate finden. Punkt für Punkt konnte all das in entsprechende Hörtexte mit Bezug zu den übergeordneten Raumthemen übersetzt werden. Aber nicht immer ließen sich wie hier in Raum 2 (fast) alle Wünsche eins zu eins umsetzen. So war beispielsweise für das Organigramm der Konferenzteilnehmer im folgenden dritten Ausstellungsraum vorgeschlagen worden, auf sechs der fünfzehn Personen näher einzugehen, während jedoch zunächst nur ein einziger Hörtext dafür geplant war. Da wir uns darauf geeinigt hatten, bei anderthalb, maximal zwei Minuten pro Hörnummer zu bleiben, wäre nach einer Beschreibung des Organigramms und der Umstände allenfalls Raum für ein sehr oberflächliches Aufzählen der gewählten sechs Personen gewesen. Obwohl wir tatsächlich am Ende vier (!) statt wie geplant nur eine Hörnummer am Organigramm vergeben haben, konnten darin nur drei der vorgeschlagenen sechs Konferenzteilnehmern vorgestellt und ihre Bedeutung hinreichend erläutert werden. Die anderen drei hingegen finden im Kontext des Konferenzprotokolls Erwähnung, in den darauf bezogenen Hörnummern an der gegenüberliegenden Raumseite.

Korrekturschleife(n)

Nachdem die ersten Probetexte hin- und hergeschickt worden waren, schien der grundsätzliche Sprachduktus gefunden zu sein. Während die Ausstellungstexte weitgehend im historischen Präsens formuliert sind, bot sich für die Hörtexte eher die Vergangenheitsform an – nicht zuletzt, um die tatsächliche Gegenwart durch das verwendete Tempus deutlicher absetzen zu können. Von Themenschwerpunkt zu Themenschwerpunkt mussten wir nun immer wieder neu bewerten, ob wir nicht auf den einen oder anderen Begriff aus der Tätersprache zurückgegriffen hatten. Außerdem wurde es trotz aller Routine stellenweise zur Herausforderung, beim gewünschten deskriptiven Stil zu bleiben und jegliche subjektive Empörung, jegliche emotional gefärbte Bewertung beim Schreiben hintanzustellen.

Zugleich mussten – wie bei allen Hörführungen – alternative und allgemeinverständliche Begriffe zur Fachsprache gefunden werden. So wurde das von der Gedenkstätte benutzte »Faksimile« in eine »Nachbildung« umgewandelt. Und während die Mitarbeiter*innen der Gedenkstätte beispielsweise mit den Dienstgraden des NS-Regimes vertraut sind oder die geografischen Details und Begriffe genau kennen – dass Österreich als »Ostmark« bezeichnet wurde, ist nicht mehr weitläufig bekannt, und wer oder was ist überhaupt der »Bug«? –, mussten an solchen Punkten entweder Erläuterungen für die Zuhörer*innen ergänzt (= Konflikt mit der Maxime des Kurzfassens!) oder inhaltliche Verkürzungen in Kauf genommen werden.

Etwa einen Monat nach Freigabe – die Texte waren schon für die ersten Übersetzungen versandt – kamen noch Anmerkungen und Korrekturen weiterer Beteiligter der Gedenkstätte hinzu. Dabei entpuppten sich noch interne Widersprüche, die wir nur durch nahezu forensische Arbeit in den unzähligen vorangegangenen Textversionen nachvollziehen und als solche kenntlich machen konnten. Auch wenn es wohl hier und da einige Nerven gekostet haben mag – nicht zuletzt mit Blick auf den Zeitplan und die anstehenden Studio-Produktionen –, so erwiesen sich in solchen Momenten jedoch die eher flachen Hierarchien und die erfrischend gleichberechtigte Diskussionskultur der Gedenkstätte als positiv, was unterm Strich eine umso höhere Qualität der Inhalte möglich machte.

Barrierefrei

Nachdem die Texte der Hörführung ihre endgültige Form gefunden hatten und für den Audioguide produziert werden konnten, galt es, verschiedene Touren für Zielgruppen mit weiteren Bedarfen aus den Feldern Sehen, Hören, Bewegen und Verstehen zu erarbeiten und für einen Multimediaguide aufzubereiten. Linon hat langjährige Erfahrungen mit barrierefreien Führungen, aber jede Ausstellungssituation ist einzigartig und stellt eigene (und auch für uns immer neue) Anforderungen an die Erarbeitung einer zielgruppengerechten Führung – nicht zuletzt, wenn der Kontext so komplex und zugleich potenziell belastend ist wie die NS-Zeit. Treffen mit einigen von der Gedenkstätte berufenen *Expert*innen in eigener Sache*, die ab Ende Juni im Haus der Wannsee-Konferenz und in unseren Räumlichkeiten stattfanden, halfen uns dabei, die spezifischen Bedarfe im speziellen Kontext besser einschätzen zu können, die die Vertreter*innen der einzelnen Fokusgruppen formulierten. Ein Beispiel wird das unten im Absatz »Leichte Sprache« skizzieren.

User Experience (UX) für alle

Parallel zur Texterstellung für die Studioproduktion der einzelnen Inklusions-touren fand die Umsetzung der Anwendung für den Mediaguide im Haus und für die BYOD[1]-App in den Appstores statt. Über unsere Erfahrungen, Design-vorschläge, Entwurfsgestaltungen und das Klick-Storyboard tauschten wir uns mit den Bedarfsgruppen mit Blick auf die Anwendung aus. Damit setzte sich ein für uns überraschend schneller und zielführender Prozess in Bewegung. Entwickelt wurde schließlich »Eine Anwendung (Applikation) für alle Bedarfs-gruppen«.

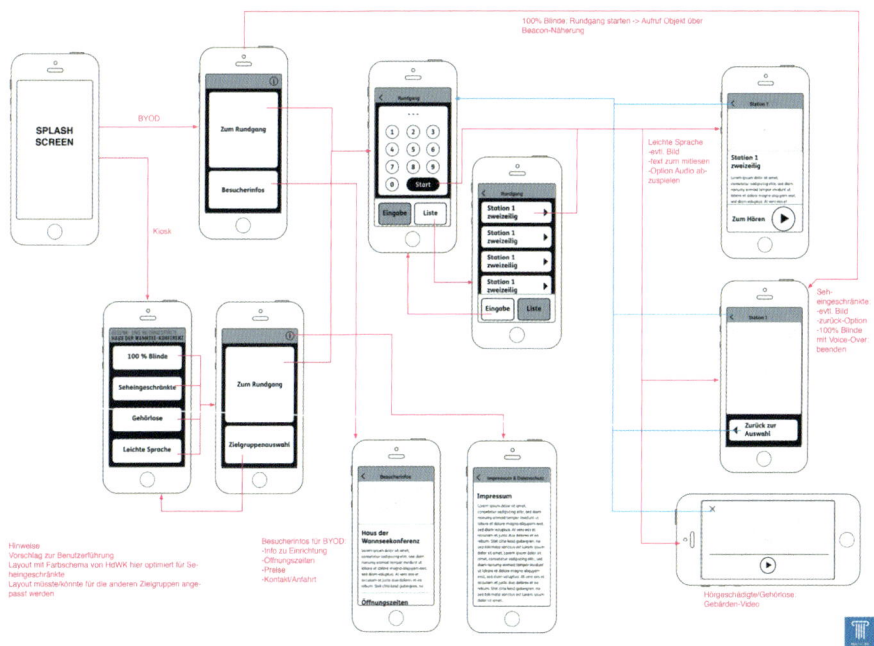

User Interface (UI) Entwurfsskizze

---

1   Abkürzung für *Bring Your Own Device* (Anwendung privater und mobiler Endgeräte wie Smartphone oder Tablet).

Mediaguide Homescreen
mit Tourenauswahl

Mediaguide Tourstart

Mediaguide
Displayeinstellungen

Die App enthält fünf Rundgänge: für Sehgeschädigte, Blinde, Hörgeschä-
digte sowie in Leichter Sprache und Deutscher Gebärdensprache (DGS). Hinter
den fünf Buttons sind alle Besuchsinformationen und Ausstellungsinhalte
nach Bedarfsgruppe inhaltlich und strukturell aufbereitet und gesammelt:
die unterschiedlichen Hinweise zur Anreise, den Öffnungszeiten und ganz
praktische Informationen für den Aufenthalt vor Ort. Anschließend wurde ein
Bedienungshinweis zum Zusammenspiel zwischen App und der Ausstellung
in Form eines »So funktioniert's«-Textes integriert. In einem dritten Schritt
können Schriftgrößen und Displayanpassungen direkt verändert und so das
Display auf die eigenen Seh-, Hör- und Bedienanforderungen angepasst
werden.

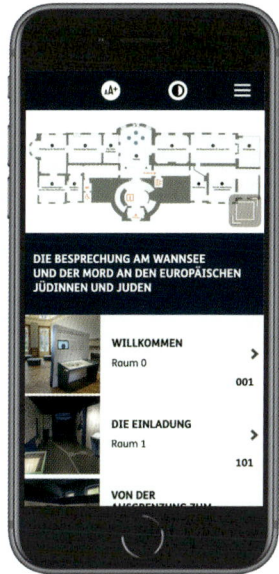

WebApp Startseite
auf dem IPhone

WebApp auf dem IPhone,
Raum 2, invertierte Ansicht zur
besseren Lesbarkeit

Als Alternative zur BYOD-App und zum Leihgerät vor Ort wurde ein auf dem Mediaguide basierendes, in der Navigation angepasstes, inklusives Zusatzangebot geschaffen, indem einzelne Inhalte der Hörführung, die DGS-Videos und die transkribierte Lesefassung als autark funktionierende WebApp über die Homepage der Gedenkstätte abrufbar sind. Die Anwendung ist unabhängig vom Ort und Endgerät sowohl über den Laptop – z.B. zu Hause – als auch in der Ausstellung selbst über das eigene Smartphone zugänglich. Damit kann auch ohne die Installation einer nativen App ein erster Eindruck von der Gestaltung und dem Aufbau der Ausstellung gewonnen werden.[2]

---

2   https://www.ghwk.de/webapp

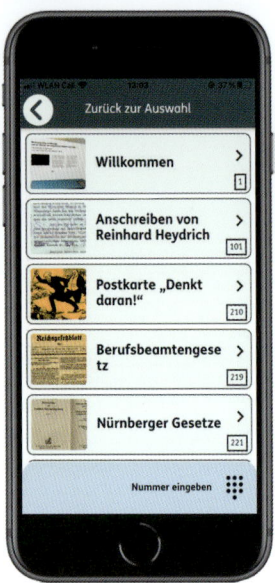

Mediaguide
Listenansicht

Mediaguide
Stationsbeispiel

Deutsche Gebärdensprache

Auf Basis der anfangs erstellten Hörführung wurde im Dezember 2019 eine Tour für Gehörlose mit Videos in Deutscher Gebärdensprache produziert. Die Texte der Hörführung mussten dafür entsprechend angepasst werden, beispielsweise dort, wo Inhalte einiger Hörstationen der Ausstellung im Mediaguide in deutscher Gebärdensprache angeboten wurden. Daraufhin konnte die Videoproduktion beginnen.

Anpassungen waren auch für eine Leseversion nötig, die als Untertitel in den Gebärdensprachenvideos und als vollständige Lesetextversion im Multimediaguide angeboten wird – beides Formate mit anderen Anforderungen als die Druckversion für die Sprecher*innen der Hörtexte. Während etwa Zahlen in der Druckversion als »eine Million und sechshunderttausend« ausgeschrieben sein können, werden sie im Untertitel als Zahl dargestellt (1.600.000). Oder, wo im Hörtext vom »Juni 42« die Rede ist, zeigt der Untertitel 1942, da der Zusammenhang mit dem Auge schneller erfasst werden kann.

Außerdem wurden Hinweise auf solche Inhalte aus Hörstationen hinzugefügt, die der Mediaguide auch in DGS anbietet.

Auch die Tour für Menschen mit eingeschränktem Hörvermögen musste angepasst werden. Dort mussten etwa Hinweise auf die fast überall vorhandenen Induktionsschleifen in den Einhandhörern der Ausstellung hinzugefügt werden. Ausstellungsbesucher*innen mit entsprechenden Hörhilfen können diese ebenso nutzen wie die für die Multimediageräte angebotenen, tragbaren Induktionsschleifen.

Leichte Sprache

Sehr komplex war die Erstellung der Tour in Leichter Sprache. Die Auswahl der Exponate blieb auch hier dieselbe wie in der anfangs erstellten Hörführung, jedoch musste jeder Text auf seine wesentlichen Aspekte reduziert werden, die dann nach den Regeln der Leichten Sprache in einfachen Sätzen formuliert sein wollten.

Als Beispiel für den Austausch bei einem größeren Treffen mit Repräsentant*innen verschiedener Zielgruppen sei die Aussage einer Vertreterin der Fokusgruppe »Leichte Sprache« angeführt: Die Frage, ob sie nach einem Text über die Nürnberger Gesetze noch gerne die zusätzliche Information bekommen würde, dass einer der Autoren dieser Gesetze nach dem Krieg trotz seiner NS-Vergangenheit in hoher Position für den amtierenden Bundeskanzler gearbeitet hat, bejahte sie ziemlich bestimmt – ein Informationsbedürfnis, das wir anders eingeschätzt hatten.

Bei einem späteren Treffen zum Thema Leichte Sprache, bei dem neben unseren Ansprechpartner*innen aus dem Team der Gedenkstätte eine weitere Vertreterin der Zielgruppe zugegen war, lasen wir einige Probetexte vor, um die bisherige Herangehensweise an ein paar Beispielen zu überprüfen. Wir diskutierten dabei u. a. den mehrdeutigen Begriff »Lager«, der ohne Erläuterung Fragen aufwirft, und einigten uns auf dessen Vermeidung. Vor allem beschäftigten wir uns eingehend mit Textlängen und Informationsdichte. Für die Zielgruppenvertreterin selbst waren die präsentierten Inhalte keine Herausforderung. Allerdings wies sie auf viele andere Menschen aus der Zielgruppe

hin, deren Aufnahme- und Konzentrationsvermögen teilweise deutlich eingeschränkter sei. Schließlich kamen wir bei dem Treffen überein, dass insgesamt
kürzere und kompaktere Texte am sinnvollsten wären. In einer späteren inter-
nen Korrekturschleife mit Personen aus unserer für gewöhnlich konsultierten
Prüfgruppe sollte sich bestätigen, dass wir mit dieser Entscheidung richtig
lagen. Die meisten Texte blieben in ihrer finalen Version tatsächlich unter einer
Minute, kaum einer überschreitet 80 Sekunden.

Touren für Blinde und Seheingeschränkte

Basierten die bisher erwähnten barrierefreien Touren auf der Exponatauswahl der anfangs erstellten Hörführung, so galten im Falle der Tour für blinde
Menschen andere Kriterien, da eine Vielzahl taktiler Exponate und weitere für
die Zielgruppe konzipierte Stationen eine angepasste Dramaturgie verlangten.
Eine barrierearme Multimediaführung kann ohne Bodenleitsystem, das die
erwähnten Exponate und Stationen miteinander verbindet, nur mäßig zufriedenstellend funktionieren. Denn während die Beschreibung der Wege ohne
Leitsystem nur mittels komplexer und oft langer Texte funktioniert, reichten
hier kurze Hinweise für ein sicheres Erreichen der nächsten Station. Ebenfalls
hilfreich ist das automatische Auslösen der Hörtexte nach einem dezenten
Klanghinweis in der Nähe der jeweiligen Station mittels Funksender. Bevor ein
Hörtext automatisch ausgelöst wird, erklingt ein einfacher akustischer Hinweis. Durch Antippen des Displays wird der Kommentar gestartet. Erklingt ein
zweifacher Hinweis, kann auf dem Display über »touch-« und Vorlesefunktion aus einer Liste mit verschiedenen Titeln gewählt werden. Das ist für die
blinden Zuhörer*innen komfortabel und garantiert die richtige Zuordnung von
Text und Exponat. Die Anwendung für Blinde berücksichtigt die gängigen Be-
dienhilfen (Vorlesefunktion, Voice-Over, Vibration und Klanghinweise).

Unter den speziell für die Zielgruppe konzipierten taktilen Stationen befinden sich auch viele Tastpläne: einer zu Beginn der Ausstellung mit einem
Gesamtüberblick sowie je einer in den einzelnen Räumen. Letztere waren
zugleich als Stationen für den Multimediaguide gedacht, um die jeweiligen
Raumthemen näher zu erläutern, was sich unter Einbindung von Passagen
der Wandtexte gut realisieren ließ. Vorangestellt haben wir jedoch Beschreibungen der jeweils neu betretenen Räume. Nicht nur sind die Ausstellungs-

gestaltung und ihre themenspezifische Ästhetik von Belang – auch die Villa als historischer Ort mit ihrer besonderen Architektur und Einrichtung ist hier ein Exponat und Teil der Ausstellung. Die bisweilen recht detaillierten Raumbeschreibungen wurden von unserer Prüfgruppe begeistert aufgenommen. Viele – das war uns bekannt – lassen sich unbekannte Umgebungen häufig von ihren Begleitpersonen schildern. Mit den angebotenen Beschreibungen können sie sich nun die Situation vor Ort in der Villa in jedem Raum ein gutes Stück weit selbst erschließen.

Neben diesen Raumbeschreibungen und Auszügen der Wandtexte stellen wir eine Exponatauswahl mit den dazugehörigen Audiodeskriptionen vor. Handelt es sich beispielsweise um ein Dokument, etwa das Schreiben mit der Einladung zur Besprechung gleich zu Beginn des Rundgangs, so lassen wir nicht nur den Text vorlesen, sondern skizzieren die optische Erscheinung, indem wir die Gestaltung erläutern, auf Stempel hinweisen oder die handschriftlichen Ergänzungen beschreiben.

Eine spezielle Frage betraf den Umgang mit dem langen Protokoll der Wannsee-Konferenz: Den Text in voller Länge vorzulesen dauert über 20 Minuten – zu lang, selbst im Kontext der textintensiveren Führungen für seheingeschränkte Nutzer*innen. Die Station am Protokoll war bereits reichlich mit Inhalt gefüllt – neun Minuten Beschreibungen und Kommentare. Die Lösung bot der angrenzende Wintergarten, in dem sich eine der Stationen befindet, die an eine Sitzgelegenheit gekoppelt sind (von denen es nicht zuletzt an den taktilen Exponaten mehrere gibt): Dort kann der Protokolltext optional in voller Länge angehört werden.

Die Tour für Seheingeschränkte war in Exponatauswahl und Dramaturgie wieder an die Basistour angelehnt. Dabei haben wir die Inhalte der Basistour punktuell um Audiodeskriptionen ergänzt und an einigen Stellen optische Gegebenheiten und Zusammenhänge mit anderen Exponaten in der Nähe erläutert, die ohne Seheinschränkungen leicht erfasst werden können. Zur jeweils nächsten Station der Tour haben wir kurze Hinweise hinzugefügt, wo und wie diese zu finden sind und worum es sich handelt. An einigen Stellen mit besonderen optischen Herausforderungen – zum Beispiel bei einer via Bildschirm dargebotenen Kartenanimation – haben wir Teile der Audiodeskriptionen aus der Tour für blinde Menschen integriert.

Ziel erreicht?

So mannigfaltig und divers wie die Vertreter*innen der verschiedenen Zielgruppen sind auch die Anforderungen an barrierefreie Hör- und Multimediaführungen. Die Ausstellung in der Gedenk- und Bildungsstätte am Wannsee bietet vielen Besucher*innen unterschiedliche Möglichkeiten der Teilhabe. Die verschiedenen barrierefreien Führungen ergänzen diesen Zugang und machen ein Angebot, das in dieser Breite und Tiefe selten zu finden ist – nicht zuletzt wegen der Option, zwischen höreingeschränkt und gehörlos oder zwischen seheingeschränkt und 100 % blind zu wählen.

Für uns war es eine schöne Erfahrung, diesen von vornherein von der Gedenkstätte bewusst eingeschlagenen Kurs in einem ausreichenden Zeitrahmen begleiten zu dürfen. Sicher können wir trotz dieser Breite mit den Führungen nicht alle und jede*n in vollem Umfang »mitnehmen«, aber das gilt immer und für jede Hörführung. Vielleicht lassen sich mittels künstlicher Intelligenz in Zukunft noch weitere Lücken schließen.

Vermutlich wird es im Fall der Gedenk- und Bildungsstätte am Wannsee im Laufe der Zeit Gelegenheit zur Berücksichtigung von Besucherfeedback geben. Die Mitarbeiter*innen ließen jedenfalls keineswegs den Eindruck entstehen, das Vermittlungsangebot mit Ausstellungseröffnung als abgehakt zu betrachten. Gute Aussichten für ein Projekt, das schon jetzt seinesgleichen sucht.

Ein Vorhaben wird es sein, möglichst zu allen Exponaten der Ausstellung Informationen im Mediaguide zu bündeln, um einen Mehrwert über die Objektbeschreibung hinaus zu schaffen. Den Besucherbedürfnissen nach vertiefenden, individuellen Schwerpunktangeboten könnte durch thematische und multiperspektivische Audiorundgänge Rechnung getragen werden. Unserer Erfahrung nach werden diese Themenschwerpunkte in Zukunft von den Besucher*innen noch mehr nachgefragt und gewünscht. Die im ersten Schritt realisierte Überblicksführung würde auf eine solche Weise durch ein sinnvolles und in der Folge naheliegendes Angebot erweitert werden.

Wir möchten uns an dieser Stelle bei den Mitarbeiter*innen der Gedenkstätte für die angenehme Zusammenarbeit bedanken, ebenso bei unseren Freunden und Partnern, dem ZfK – Zentrum für visuelle Kommunikation der Gehörlosen Berlin/Brandenburg und dem Leipziger Unternehmen Droid Solutions GmbH.

Sie hörten – Verzeihung: lasen eine Produktion von Linon Medien.

——

Nutzer mit Mediaguide vor der Hörstation »Stimme der Verfolgten« in Raum 4. Der Mediaguide stellt neben den Audios auch Transkripte zur Verfügung. *Foto: GHWK, 2020*

Lime Flavour
Benjamin Binder
(Programmierung),
Fabienne Hargarten
(Design),
Jürgen Temming
(Konzept)

WEB FÜR ALLE?

**Digitale Inklusion zwischen
Norm, technischen Möglichkeiten
und reellen Bedürfnissen**

Die zentrale Herausforderung des Relaunchs war, das »Design für Alle« der Ausstellung ins Netz zu transformieren. Dabei sollten den unterschiedlichen Zielgruppen die jeweils relevanten Inhalte möglichst einfach und schnell zur Verfügung gestellt werden.

Die Homepage ist die meist besuchte Einstiegsseite, im Schnitt gelangen mehr als 50 Prozent aller Besucher*innen über diese Einstiegsseite zum Webauftritt der Ausstellung. Deshalb muss gerade die Startseite Interesse wecken, indem sie schnell und fokussiert die wichtigsten Themen anreißt und den verschiedenen Zielgruppen die passenden Informationen anbietet, z. B. niedrigschwellige Einstiege für interessierte Jugendliche, Informationen für Lehrer*innen zur schnellen Vereinbarung von Seminaren, Aktuelles im Blog und auch Recherchemöglichkeiten für Wissenschaftler*innen. So wird bereits auf der ersten Seite die Breite des Angebotsspektrums aufgezeigt, ohne dabei zu überfordern. Diese wesentlichen Informationen werden kurz und schlüssig dargestellt, angesichts von Besuchs-Verweildauern, die oftmals nicht über 1:30 Minuten liegen. Der Kern der Kommunikation, das Narrativ, liegt nunmehr weniger auf dem Gebäude, sondern auf dem Protokoll der Wannsee-Konferenz.

Seit einigen Jahren vollzieht sich ein Wandel in der Arbeit am Web: Ehemals randständiges Thema für Expert*innen, gerät digitale Inklusion mehr und mehr ins Blickfeld von Kund*innen, Designer*innen und Entwickler*innen. In brancheninternen Debatten und Beiträgen wird beständig um Standards zur Barrierefreiheit gerungen und nach Lösungen für Probleme gesucht, die den meisten der daran Beteiligten vor einigen Jahren als solche nicht einmal bewusst waren. Das zeigt, wie zentral das Thema barrierearmes Web in den letzten Jahren geworden ist – nicht zuletzt für das Selbstverständnis derer, die tagtäglich daran arbeiten – und dass Barrierefreiheit heute vielleicht etwas von der ursprünglichen Idee eines freien Netzes für alle festhalten kann.

Die konkreten Bedürfnisse unterschiedlicher Nutzer*innen treten allerdings oft in den Hintergrund, und das Bemühen der Branche um ein barrierearmes Web bekommt manchmal etwas seltsam Selbstreferenzielles. Demgegenüber bot die Arbeit an der neuen Website für die Gedenk- und Bildungsstätte Haus der Wannsee-Konferenz die Gelegenheit, viele etablierte Ansätze und Standards intensiv an der Realität zu überprüfen. Im Feedback der *Expert*innen in eigener Sache* ist so im Kleinen entstanden, was das Web im Ganzen immer sein wollte: Ein gemeinsamer Ort der Kommunikation.

Viele Zielgruppen, viele Möglichkeiten

Barrierefreie Websites sind ein weites Feld. Von Kontrasterhöhung über Videos in Gebärdensprache bis hin zu kompletten Bereichen in Leichter Sprache. Wenn die Barrierefreiheit primär als ein Mittel demokratischer Partizipation aufgefasst wird und nicht als notwendiges, gesetzlich vorgeschriebenes Übel, dann sollte der Blick allerdings immer zuerst auf den Zielgruppen liegen. Und daraus kann sich auch eine unterschiedliche Schwerpunktsetzung ergeben. Bei der Website für die Gedenk- und Bildungsstätte Haus der Wannsee-Konferenz bestand die Herausforderung darin, den Anspruch der neuen Ausstellung im »Design für Alle« auch ins Digitale zu transformieren, und dies auf zwei Ebenen: sowohl die inklusiven Angebote innerhalb des Hauses selbst darzustellen als auch die Website als solche möglichst inklusiv umzusetzen.

Barrierefreies Design und Typografie
Schriften

Die Lesbarkeit von Texten auf einer Website ist von elementarer Bedeutung. Bei der Website der Gedenk- und Bildungsstätte Haus der Wannsee-Konferenz wird die Schriftart FS Me verwendet. Diese wurde gerade auch für und mit Menschen mit Seh- und Lerneinschränkungen entwickelt und zeichnet sich durch ihre besonders leichte Lesbarkeit – unter anderem durch die dickere Linienstärke – aus. Die Schriftart beinhaltet unter anderem auch einen großen

Navigation,
Screenshot: Lime Flavour

Standardzeichensatz, womit es möglich ist, problemlos mehrere Sprachen auf der Website zu integrieren. Durch die breite Linienstärke fällt es den Nutzer*innen leichter, einen ausreichenden Kontrast zwischen Vorder- und Hintergrundfarbe zu erfassen. Größere Schrift und vergrößerte Zeilenabstände bei Headlines und Fließtexten helfen den Nutzer*innen bei einer besseren Lesbarkeit der Texte. Auf Sonderformatierungen wie Versalien, Kursivstellung oder Fettung des Textes wurde weitestgehend verzichtet. Die Textbreite wurde verkleinert, um die Wortanzahl in einer Zeile zu verringern. Dies unterstützt die Lesbarkeit von längeren Textabschnitten. Denn je länger die Zeilen sind, desto schwieriger ist es für das Auge, den Beginn der nächsten Zeile zu finden. Ebenfalls wurde beim Design eine zusätzliche Möglichkeit zur schnellen Vergrößerung der Texte integriert. Diese befindet sich in einer extra für Barrierefreiheit angelegten Service-Navigation am oberen Seitenbereich und wird durch Icons zur besseren Verständlichkeit unterstützt. In dieser Navigationsbar haben die Nutzer*innen zudem die Möglichkeit der Textinvertierung.

Das Absetzen dieser speziell funktionalen, barrierefreien Navigation haben wir erst nach der Feedbackrunde mit den *Expert*innen in eigener Sache* umgesetzt.

Farben

Ein weiterer Aspekt beim barrierefreien Webdesign ist die Farbgestaltung der Seite. Menschen mit Seheinschränkung fällt es meist schwer, einzelne Objekte voneinander zu unterscheiden, deren Farbkontrast zu gering ist. Bei der Gedenk- und Bildungsstätte Haus der Wannsee-Konferenz haben wir auf den bestmöglichen Kontrast von Vordergrundfarbe zu Hintergrundfarbe geachtet. Das dunkle Blau bietet genügend Kontrast sowohl zur Vordergrundfarbe als auch zur Hintergrundfarbe bei Design-Elementen und in Schrift. Als weitere Akzentfarbe wurde ein Gelbton verwendet, der jedoch nur als Highlight verwendet wurde, um spezielle Elemente hervorzuheben. Farbsehfehler, wie die weit verbreitete Rot-Grün-Schwäche, wurden so ebenfalls einbezogen. Wenn die Nutzer*innen trotz allem Schwierigkeiten mit der Farbgestaltung haben, gibt es die Möglichkeit zur Kontrasterhöhung im speziell angelegten Service Navigation. Bei dieser Kontrasterhöhung werden alle Farben der Website durch die Standardwerte Schwarz und Weiß ersetzt. Somit wird es selbst Nutzer*innen mit einer starken Seheinschränkung ermöglicht, alle Inhalte zu erkennen und wahrzunehmen. Für eine Vielzahl von Nutzenden kann es zudem beispielsweise bei direkter Sonneneinstrahlung im Freien hilfreich sein, den Kontrast zu erhöhen, um die Inhalte auf mobilen Endgeräten besser zu erkennen.

Design

Beim Design und den Designelementen wurde explizit auf verspielte Formen oder zu unübersichtliche Designelemente verzichtet. Bei Headlines innerhalb der Seite wurde eine Unterstreichung hinzugefügt. Das erleichtert den Nutzern zu überblicken, wo strukturell ein neuer Inhalt beginnt. Die Inhalte sind übersichtlich gegliedert, und es wird viel Weißraum generiert, um eine schnelle Auffassung der Elemente und Inhalte zu unterstützen. Bei mehreren Inhalten werden diese optisch durch Kästen oder Linien voneinander getrennt. Die Navigation wurde schlicht und groß gehalten, um eine leicht überschaubare

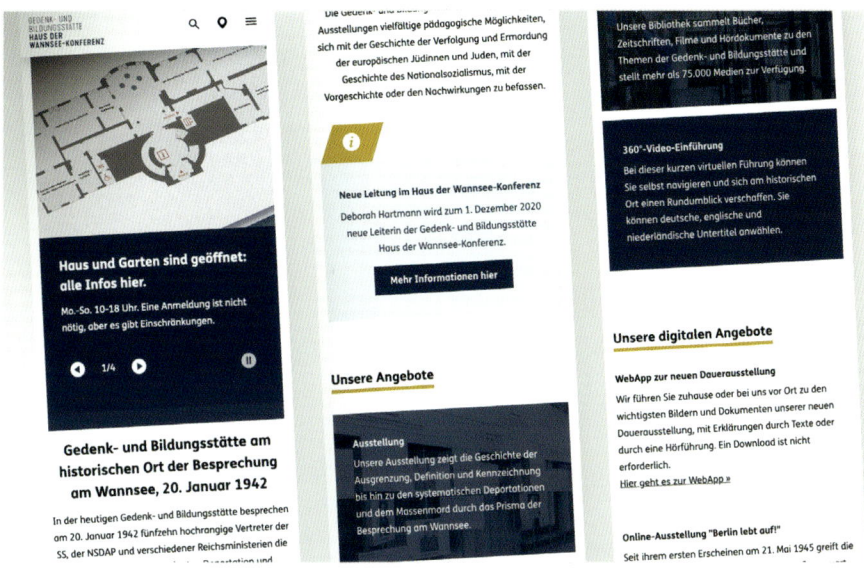

Mobile / responsive Ansicht,
Screenshot: Lime Flavour

Struktur zu gewährleisten. Buttons wurden besonders hervorgehoben, um Interaktion zu erleichtern, und Abbildungen wurden mit Bildunterschriften versehen. Zusätzlich sollte eine barrierefreie Umsetzung die korrekte Darstellung aller Inhalte und Elemente auf allen responsiven Endgeräten beinhalten. Für die GHWK haben wir daher auf zu viele nebeneinanderstehende Elemente verzichtet. Dies macht es im responsiven Design einfach, die Inhalte auf allen Endgeräten korrekt darzustellen.

Feedback der *Expert*innen in eigener Sache*

Vor der detaillierten Ausarbeitung und der technischen Umsetzung wurde den *Expert*innen in eigener Sache* das Design präsentiert und ausführlich mit ihnen diskutiert. Dabei wurden zahlreiche Änderungsvorschläge und Verbesserungen aufgenommen. Neben speziellen Anpassungen für Seheingeschränkte, wie der durchgehenden Grundausrichtung des Textes oder dem Austausch einzelner, zu unruhiger Hintergrundbilder und dem Verzicht auf integrierte Screenreader, weil diese den Einsatz eigener Screenreader auf dem System behindern, ging es auch um inhaltliche Fragen wie das Abfragen konkreter Unterstützungsangebote z. B. für Gehörlose bei der Online-Anmeldung zu Führungen.

———

Empfehlungen

- Design und technische Umsetzung sind nur ein Teil einer barrierearmen Realisierung. Barrierefreiheit muss auch in der täglichen redaktionellen Arbeit verinnerlicht werden, wenn sie tatsächlich dauerhaft und nicht nur Anspruch sein soll, seien es alternative Text-Beschreibungen für Bilder, Untertitel für Videos oder die »Übersetzung« von Beiträgen in Leichte Sprache.

- Der große Vorteil des digitalen Mediums Web ist seine Dynamik. Technische Fortschritte und Feedback der Nutzer*innen von barrierearmen Angeboten sollten kontinuierlich berücksichtigt, erwogen und integriert werden.

Abbau, September 2019,
Foto: GHWK

v.l.n.r.: David Zolldan, Eva Mattes,
Elke Gryglewski

»Es gibt Verbindungen zwischen der Geschichte
und aktuellen Ereignissen. Mir sind Projekte wichtig,
die die Herstellung von Bezügen ermöglichen.
Deswegen habe ich gerne die Rolle als Sprecherin
für die Audiostationen mit den Berichten von
Verfolgten in der neuen Ausstellung übernommen.«

Eva Mattes

Manfred Fuchs
Berater für Barrierefreiheit
bei der Deutschen
Blindenstudienanstalt e.V.
(blista)

FÜHLBAR BESSER!

**Taktile Installationen in der
neuen Dauerausstellung**

Bei der Gestaltung von Ausstellungen im Design für Alle ist es immer wieder spannend, die konzeptionellen Überlegungen der Ausstellungsmacher in Einklang mit den spezifischen Bedarfen blinder und sehbehinderter Menschen zu bringen. Natürlich kennen wir die notwendigen Herangehensweisen aus unserer langjährigen Arbeit, und es ist uns bewusst, dass jedes taktile Projekt einzigartig ist. Es erfordert jeweils die Entwicklung von inklusiven Umsetzungsstrategien, speziell zugeschnitten auf die darzustellenden Gegebenheiten (z.B. Örtlichkeiten, Ausstellungsinhalte, Exponate). Dabei können wir auf unsere jahrzehntelangen Erfahrungen der Entwicklung immer wieder neuer Ideen zurückgreifen, um Menschen inklusive Erlebnisse zu ermöglichen, sei es in Museen, Parks, Gebäuden, Unterricht usw., und um Inhalte zu vermitteln.

Um Schüler*innen ohne oder mit sehr eingeschränktem Sehvermögen komplexe Zusammenhänge zu vermitteln, ihr Interesse zu wecken und die Aufmerksamkeit wachzuhalten, sind erhebliche Anstrengungen notwendig. Man muss sich dabei immer vor Augen führen, dass der Wahrnehmungsprozess ohne oder mit eingeschränkter Sehkraft ein komplett anderer ist, als wenn ich praktisch ohne Aufwand unaufgefordert ein Bild oder eine Grafik schnell und auf einen Blick erkennen und im Idealfall sogar verstehen kann. Die Annäherung für Schüler*innen mit Seheinschränkung an die Darstellungen und Objekte in einer unbekannten Gedenkstätte oder einem Museum muss aktiv gefördert werden. Es beginnt zum Beispiel damit, dass man auf Objekte hinweist. Denn was man nicht sieht/kennt, existiert erst einmal nicht und kann auch nicht zum Entdecken und Erkunden einladen. Des Weiteren gilt es zu berücksichtigen, dass die Wahrnehmungsprozesse ohne den Einsatz des

Sehsinns erheblich mehr Zeit benötigen und vom »Betrachtenden« erhebliche Abstraktionen erfordern. Eine vergröbernde modulare Darstellungsweise trägt dabei den Möglichkeiten des Tastsinns Rechnung, verlangt aber vom »Betrachter« den kognitiven Prozess, sich aus den Einzelinformationen ein »Gesamtbild« zusammenzusetzen. Umso wichtiger für das Gelingen dieses Prozesses und das Aufrechterhalten der Konzentration und des Interesses ist es, parallel möglichst viele Sinnesmodalitäten anzusprechen. Deshalb sollten neben taktilen Reizen auch auditive Reize genutzt werden. Zentral ist hierbei aber auch die Art der aufbereiteten Informationen. Als Grundsatz kann man sagen: »Je prägnanter und kürzer, desto besser«.

Eine besondere Herausforderung war für uns bei diesem Projekt der emotionale Umgang mit all dem unvorstellbaren Leid, das durch die Gedenk- und Bildungsstätte so eindrucksvoll erfahrbar wird. Es sind eben nicht nur Fakten und Daten, sondern erschütternde Hintergründe, die aufgezeigt und in angemessener und verständlicher Weise barrierefrei zugänglich gemacht werden müssen. Im Rahmen der Ausstellung werden an verschiedenen Stationen sehr konkret die Herangehensweise, Machenschaften und Verflechtungen der einzelnen Täter und Tätergruppen aufgezeigt. Die systematische Verfolgung und Ermordung der Opfer wird durch die vielen Beispiele nachvollziehbar. Die großen Opferzahlen sind erschütternd. Die Darstellungstiefe mit all ihren Szenarien macht zum einen traurig, sprachlos und ohnmächtig, zum anderen zeigt sich bedrückend, wozu das »Raubtier« Mensch fähig sein kann.

Dies alles wird in den taktilen Abbildungen hautnah erfühlbar, in der Audiofassung hörbar; ein schnelles darüber Hinwegschauen ist nicht möglich.

Vorteilhaft für unsere Arbeiten ist unsere enge Verzahnung innerhalb der Deutschen Blindenstudienanstalt e. V. (blista) mit den pädagogischen Kolleginnen und Kollegen der Carl-Strehl-Schule, dem Gymnasium für blinde und sehbehinderte Schüler*innen in Deutschland. Daneben greifen wir für Tests auf die Expertise vieler blinder und sehbehinderter Menschen zurück.

Grundlagen für unsere Beratung, Konzept- und Entwurfserstellung sowie Produktion von Modellen und taktilen Abbildungen sind übergreifend vereinbarte Empfehlungen, zum Beispiel DIN-Normen. Nur so sind die Resultate für viele Menschen verständlich und für ein möglichst breites Publikum nutzbar.

Dabei steht der inklusive Ansatz, also eine Ausstellung im Design für Alle zu konzipieren, in den allermeisten Fällen keineswegs im Widerspruch zu den Bedarfen blinder und sehbehinderter Besucher*innen. Im Gegenteil wissen wir aus unserer Unterrichtspraxis, dass speziell für blinde und sehbehinderte Menschen entwickelte Lösungen nicht selten das Verstehen von Zusammenhängen für alle erleichtern. Ein Aspekt ist dabei, komplexe Abläufe oder Darstellungen zu vereinfachen oder modular darzustellen. Aus diesem Grunde haben wir es sehr begrüßt, dass seitens des Auftraggebers ein besonderes Augenmerk auf den Mehrwert für alle Bedarfsgruppen gelegt wurde. Bei der konkreten Umsetzung ist es immer wieder eine Herausforderung, diesen Anspruch zu berücksichtigen. Besonders erfreulich war bei diesem Projekt, dass durch den intensiven und konstruktiven Austausch aller Beteiligten pragmatische Lösungen gefunden wurden. Bei der Beschriftung der taktilen Modelle für die GHWK wurde beispielsweise abschließend Profilschrift nach DIN 32986 verwendet, auch wenn die Wörter dadurch in Großbuchstaben zu lesen sind. Es überwog der Wunsch, dass Menschen ohne Braillelesekenntnisse die Buchstaben abfühlen und so diese meist kurzen Legendentexte lesen können. Es war nicht immer einfach, die Benennung von Legendenpunkten für alle verständlich und unter Einhaltung des vorhandenen Platzes auf den Modellen unterzubringen.

Das farbig-taktile Geländemodell
Beim Entwurf für das farbig-taktile Außenmodell aus Corian wurde zunächst geprüft und festgelegt, welcher Detailgrad noch mit dem Finger erfühlt werden kann, um möglichst das gesamte Gartendenkmal auf dem Modell zeigen zu können. Die Modellgröße wurde durch den Aufstellungsort begrenzt. An einigen Stellen mussten Inhalte daher gestaucht, gestreckt oder abgekürzt bzw. weggelassen werden. So wird der Rundweg am Wannsee entlang nicht vollständig gezeigt. An der oberen Modellkante weisen Pfeile mit dem Wort Rundweg auf den nicht dargestellten Bereich hin. Die Geländehöhen werden ansatzweise auch mit Treppen gezeigt. Die Gebäude sind als Aufbauten montiert, und ihre Struktur ist in der noch erkennbaren Detailtiefe erfühlbar. Es ist eine besondere Herausforderung, dass die Farbpalette bei Corian begrenzt ist. Bei der realitätsnahen, kontrastreichen Darstellung und gewünschten Ästhetik müssen daher immer wieder Kompromisse gefunden werden.

Das taktile Außenmodell macht
die Dimensionen des Gartendenkmals
für alle Besucher*innen deutlich.
Foto: GHWK

Für eine gute Erkennbarkeit der einzelnen Modellinhalte sollten sich
die eingesetzten Farben in ihren Kontrasten gut unterscheiden. Die gewählten
Farben sollten dabei möglichst den örtlichen Gegebenheiten entsprechen.
Gleichzeitig lassen sich mit Corian als Werkstoff gegenüber Bronze als Alter-
nativmaterial viel mehr Unterscheidungen darstellen, es wird inklusiver.

Auf dem Außengelände der Gedenkstätte stehen in den nächsten Jahren
bauliche Veränderungen an. Diese mussten auf Grundlage der bisherigen
Planungen und Zeichnungen bereits jetzt beim farbig-taktilen Modell berücksichtigt werden. So wurde das Modell so konzipiert, dass das derzeitige WC-
Gebäude sowie die Beschriftung WC später entfernt werden können. Der mo-
mentane Platzhalter (Platte mit Beschriftung IM BAU) kann nach Fertigstellung
des Seminargebäudes gegen das bereits gefertigte Seminargebäudemodell
ausgetauscht werden.

Dabei ist es besonders erfreulich, dass durch diese vorausschauende
Planung der Aufwand für die späteren Anpassungen sehr gering und die Umsetzung zeitnah möglich ist.

Die Vorgaben im Innenbereich

Die Vorgaben zu den Ausstellungsmöbeln für die Präsentation der farbig-taktilen Grundrisspläne ließen sich schnell abstimmen und die Aussparungen für die lagerichtige Montage anpassen. Die Modelle berücksichtigen das Farbkonzept der Ausstellung, soweit es unter dem Aspekt der Kontrasteinhaltung realisiert werden konnte. Ausreichende Kontraste haben für Menschen mit Seheinschränkung eine besonders hohe Bedeutung.

Das Bodenleitsystem

In die Planung für das Bodenleitsystem wurden wir beratend eingebunden. Dabei galt es, die Planungen in den von der DIN 32984 gegebenen Bandbreiten an die vorhandene bauliche Struktur anzupassen, um blinde und sehbehinderte Menschen beim eigenständigen Orientieren möglichst gut zu unterstützen. Das vom Planungsbüro Franke | Steinert entworfene Bodenleitsystem wurde geprüft und an wenigen Stellen in den Zeichnungen optimiert. Wie bei großen Projekten üblich kam es während des Prozesses zu Veränderungen, die mit in die Planung und Beratung integriert wurden. So wurde in Raum 3 mehrmals umgeplant: Eine erste Fassung sah viele Abzweigefelder für eng aufeinander folgende Richtungswechsel zu Stationen vor. Die Erfahrung zeigt aber, dass niemand so enge Drehungen machen würde. Eine Vereinfachung wurde geplant und beschlossen. Die Position für das lagerichtige Anbringen des taktilen Raumplanes wurde ausführlich diskutiert, vor Ort modellhaft gezeigt. Als Ergebnis wurde ein neuer Montagestandort gewählt und das Bodenleitsystem entsprechend angepasst.

Die Gebäudeübersicht und die Grundrisse

Relativ einfach war die Umsetzung der Gebäudeinnenmodelle, bestehend aus Gebäudeübersicht und acht Raumgrundrissen, Leitsystem und wichtigen Stationen. Hier war die größte Herausforderung, dass sich während des Planungsprozesses immer wieder Veränderungen in den Räumen ergaben, auf die reagiert werden musste. So mussten öfters Anpassungen in den Entwürfen realisiert werden. Die im UV-Direktdruck produzierten Modelle sind zu Beginn der Ausstellungsräume an den jeweiligen A-Text-Möbeln zu finden. (siehe Abb. 10 im Fototeil)

Die drei Themenabbildungen

Konnten wir bei den Grundrissen auf die Erfahrung aus vielen anderen Projekten zurückgreifen, mussten für die Umsetzung von drei Themenabbildungen individuelle Lösungen gefunden werden. Grundlagen waren immer die vorhandenen Exponate in der Ausstellung. Die Umsetzung erforderte unterschiedlich großen Aufwand. Wegweisend dafür waren der Austausch der Vermittlungsziele und erster Umsetzungsideen vonseiten des Ausstellungsteams sowie unsere Einschätzungen aus der blista-Bildungsarbeit.

1. Themenmodell: Die Teilnehmer

Es galt, alle Teilnehmer der Besprechung vom 20. Januar 1942 taktil in einer Art Organigramm zu zeigen. Neben Namen und akademischen Titeln sollte es auch institutionelle Hierarchien und Bezüge verdeutlichen. Einige Vornamen konnten aufgrund der Platzknappheit nur abgekürzt gedruckt werden. Diese taktile Themenabbildung ließ sich verhältnismäßig einfach realisieren.

2. Themenmodell: Karte mit Opferzahlen von Massenerschießungen

In der digitalen Vorlagenkarte werden Opferzahlen von Massenerschießungen exemplarisch an Dutzenden Orten nacheinander numerisch eingeblendet. Für eine taktile Übersetzung brauchte es einen Kompromiss zwischen der Reduktion dieses bereits für sehende Menschen erhöhten Detailgrads und einer gleichzeitigen Erfahrbarkeit der schieren quantitativen und räumlichen Dimension dieser Verbrechen. Erschwerend kamen Übersetzungen der komplexen Frontverläufe, Grenzziehungen und Bündnissysteme sowie die Nennung von vielen Ortschaften auf kleinem Abbildungsraum hinzu. Nach Beratungen im Team und Tests haben wir uns entschieden, abgekürzte Ortsnamen in einer Legende aufzulösen. Vier taktil unterscheidbare Punktgrößen, die als Variable eine jeweilige Spanne zwischen weniger als 2500 und mehr als 20.000 Erschossenen angeben, erlauben dazu sowohl eine Lokalisierung auf der Karte als auch eine Einordnung der quantitativen Dimension der Verbrechen.

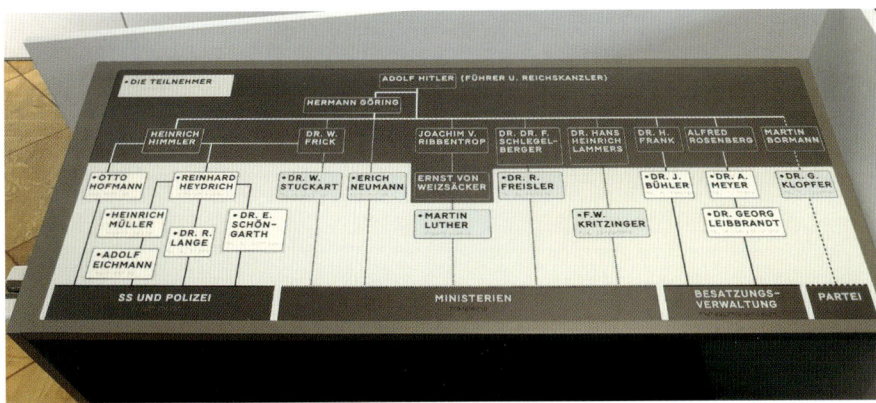

Taktiles Organigramm der Teilnehmer mit Profilschrift und Braille in Raum 3

Karte zu den Dimensionen der Massenerschießungen in Raum 2

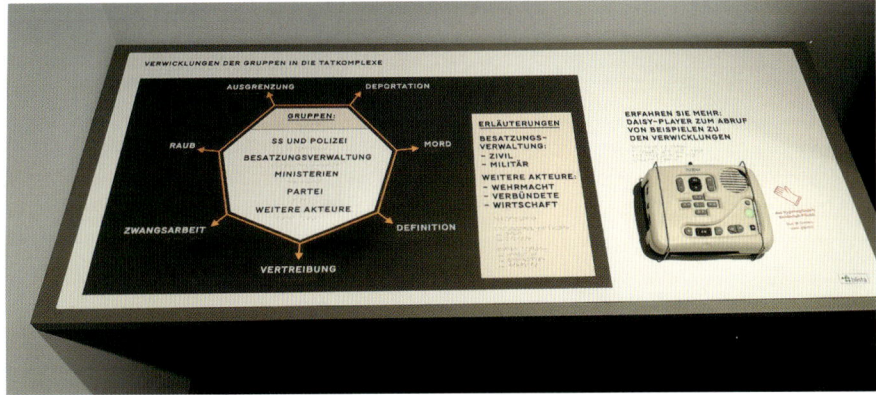

Wabe und DAISY-Player zu den Tatkomplexen in Raum 6,
Fotos: GHWK

3. Themenmodell: Verwicklungen der Gruppen in die Tatkomplexe

Eine besonders spannende Herausforderung war die Vermittlung der Verflechtung von Institutionen und Tatkomplexen in Raum 6.[1] Eine erste Idee war die Herstellung einer Art Puzzle, um die Verflechtungen spielerisch erkennbar zu machen. Eine andere Idee baute mit dem Ablegen von Kärtchen in einer Tabelle ergänzend darauf auf. Diese und einige weitere Ideen wurden schließlich verworfen. Als Schwierigkeit kristallisierte sich heraus, dass blinde und stark sehbehinderte Menschen bis zum Erreichen dieser Station bereits eine hohe Informationsdichte in der Ausstellung erlebt haben würden. Zum Erfassen der diskutierten Ideen wäre viel Zeit notwendig gewesen. Ein Frustrationserlebnis aufgrund von Langeweile oder Überforderung sollte jedoch auf jeden Fall vermieden werden.

Nach intensiver Diskussion mit dem Team der Gedenk- und Bildungsstätte und verschiedenen weiteren Entwürfen entstand am Ende die Abbildung in Anlehnung an die von der blista im Leitfaden »VISCH« entwickelte Darstellung als Netz oder Igel. Die tastbare Wabenstruktur, welche die abstrakten Kategorien der sieben Tatkomplexe und die in fünf Gruppen zusammengefassten Behörden, Institutionen und Ministerien erfahrbar macht, wird durch einen DAISY-Player (Digital Accessible Information SYstem) ergänzt. Mit diesem werden 20 vorgelesene Texte in drei Ebenen navigierbar. So wird beispielhaft nach Auswahl der Gruppe »SS und Polizei« und des Tatkomplexes »Definition« knapp auf die »Polizeiverordnung über die Kennzeichnung der Juden« von 1941 eingegangen.

──────

1   Siehe hierzu im Beitrag von Babette Quinkert und Katharina Zeiher den Unterpunkt »Beteiligungen darstellen«.

Empfehlungen

- Wie sich auch in diesem Projekt gezeigt hat, ist eine enge Zusammen-arbeit zwischen Kuratoren, Museumspädagogen und Beratern sowie Herstellern sehr wichtig, um die größtmögliche Funktionalität zu gewährleisten und mögliche Fallstricke zu umschiffen. Dabei sollten sich alle bewusst machen, dass für die Vorarbeiten und Entwürfe mehr Zeit und Kosten als für die abschließenden Drucke/Produktion veran-schlagt werden müssen.

- Immer sollte auch geprüft werden, ob es zusätzliche Module wie einen DAISY-Player auch zur Unterstützung des 2-Sinne-Prinzips braucht oder ob es Hilfsmittel wie Stockhalter gibt, die eine größtmögliche Bewegungsfreiheit beider Hände an den Modellen durch die Ablage des Langstocks ermöglichen.

Literaturhinweise

- Deutsche Blindenstudienanstalt e. V. (Hrsg.), VISCH – Visualisierte Informationen in Schulbüchern zugänglich machen. Leitfaden mit Beispielen, Marburg 2012.
- ISO 19028 – 2016 Accessible design – Information contents, figuration and display methods of taktil guide maps.
- DIN 32989 – 2021 Barrierefreie Gestaltung — Informationsgehalt, Gestaltung und Darstellungsmethoden von taktilen Karten.
- DIN 32986 – 2019 Taktile Schriften und Beschriftungen – Anforderungen an die Darstellung und Anbringung von Braille- und erhabener Profilschrift.
- DIN 32984 – 2020 Bodenindikatoren im öffentlichen Raum.

Umbau, September 2019,
Foto: Vera Franke

STATEMENTS ZUR
NEUEN DAUERAUSSTELLUNG

Wo sehen Sie rückblickend die größten Herausforderungen für den Denkmalschutz im Rahmen dieses Projekts?

»Gerade dieses herausragende Baudenkmal und Zeugnis mörderischer Geschichte möchte man allen Besuchern und Nutzern, gerade auch älteren Personen wie noch lebenden Zeitzeugen des Holocaust und ihren Nachfahren zugänglich machen. Trotz der bereits realisierten Umbauarbeiten und der großbürgerlichen Grundriss-Struktur stoßen wir jedoch nach wie vor unter anderem auf die Frage, wie man vor allem Rollstuhlfahrern möglichst das gesamte Gebäude erschließen könnte – zumindest die beiden für die Öffentlichkeit zugänglichen Etagen (Ausstellung/Bibliothek/Seminare). Der vorhandene Aufzug entspricht aktuell leider nicht den nötigen Anforderungen, ist aber als solcher Teil des Denkmalschutzgutes. Für die Lösung dieses Dilemmas wünsche ich dem Haus der Wannsee-Konferenz neben den nötigen finanziellen Mitteln auch einen Planer, der es mit den heutigen Möglichkeiten der Technik versteht, den Fahrstuhl denkmal- und rollstuhlgerecht umzurüsten.«

Dr. Jörg Rüter
Leiter Untere Denkmalschutzbehörde Berlin Steglitz-Zehlendorf

Wo sehen Sie als »Vermieter« der Gedenk- und Bildungsstätte Haus der Wannsee-Konferenz den größten Gewinn einer Ausstellung im Design für Alle? Haben Sie das Gefühl, durch dieses Projekt Erfahrungswerte für andere von Ihnen betreute Einrichtungen gewonnen zu haben?

»Unter den mehr als 5000 landeseigenen Liegenschaften, für die die BIM Berliner Immobilienmanagement GmbH verantwortlich zeichnet, nimmt die Gedenkstätte Haus der Wannsee-Konferenz nicht nur aufgrund der historischen Bedeutung des Gebäudes eine besondere Rolle ein. Die neu gestaltete Ausstellung mit ihrem »Design für Alle« kann einen Vorbildcharakter für andere Kulturliegenschaften entwickeln. Die BIM verspricht sich aber auch zu den Themen der Bewirtschaftung Erkenntnisse durch die neue Ausstellung. So waren zum Beispiel bereits während der Umsetzung des Blindenleitsystems auf dem hochwertigen Parkettboden verschiedene Fragestellungen des Denkmalschutzes zu berücksichtigen. Die Erfahrungswerte, die wir im Verlauf der nächsten Jahre u. a. auch mit der Reinigung der Parkettflächen inklusive des aufgesetzten Blindenleitsystems gewinnen werden, können direkt ähnlichen Einrichtungen zugutekommen.«

Dr. Alexander Mittag
Berliner Immobilienmanagement GmbH

Was war Ihre Motivation, das Pilotprojekt einer Ausstellung im Design für Alle
in der Gedenk- und Bildungsstätte Haus der Wannsee-Konferenz zu fördern?
Sind Ihre Erwartungen erfüllt worden?

»Die neue Dauerausstellung setzt mit ihrem – von Beginn
an auf allen Ebenen mitgedachten – ›Design für Alle‹ im
Sinne umfassender Barrierefreiheit neue Maßstäbe im
Bereich der Ausstellungsgestaltung. Bei dem innovativen
und didaktisch experimentellen Pilotprojekt der Neugestaltung, das auf der Grundlage der Gedenkstättenkon-
zeption des Bundes durch die Beauftragte der Bundesregierung für Kultur und Medien gefördert wurde, hat
nicht nur das Ziel, sondern auch der Weg dorthin überzeugt. Damit meine ich insbesondere die Einbeziehung
der verschiedenen Zielgruppen, der ›Experten in eigener
Sache‹, bereits bei der Erarbeitung der Ausstellung.
Ich bin sicher, dass auch andere Gedenkstätten von den
hierbei gewonnenen Erkenntnissen und Erfahrungen
profitieren werden.«

Dr. Britta Bopf
BKM, Referatsleiterin K 42, Aufarbeitung des Nationalsozialismus

»Die neue Ausstellung des Hauses der Wannsee-Konferenz bündelt am historischen Ort die Geschichte der Verfolgung und Ermordung der jüdischen Bevölkerung in Deutschland und Europa im 20. Jahrhundert, die Rolle der verschiedenen staatlichen Institutionen im Deutschen Reich und den besetzen Gebieten und erschütternde Einzelschicksale, die uns das Ergebnis dieses Handelns nahebringen. Damit ist ein wichtiger Lernort neugestaltet worden, der eine Vielzahl von Informationen, historische Entwicklungen und Personen auch emotional erlebbar macht.

Herzlichen Glückwunsch zu dieser gelungenen Ausstellung! Ihr sind viele Besucherinnen und Besucher mit ausreichend Zeit, Neugierde und Offenheit für die Komplexität und die anhaltende Wirkung des Themas zu wünschen.«

Dr. Axel Lubinski
Bundesministerium des Innern, für Bau und Heimat, Referatsleiter G II 4, Politische Bildung und Politische Stiftungen

»Eine Ausstellung, die ein vielfältiges Publikum mit unterschiedlichsten Lerntypen und -interessen ansprechen möchte,
braucht eine klar verständliche Sprache und ein eben solches
Design. Sie muss aber auch vielfältige Geschichten erzählen.
Das gelingt der neuen Ausstellung in der Wannsee-Villa, die
sich auf die NS-Täter und die Mechanismen der Verfolgung
und des Massenmordes konzentrieren muss, dabei aber die
Perspektive der Verfolgten nicht aus dem Blick verliert.

Eine von fünf persönlichen Geschichten verfolgter Jüdinnen
und Juden ist die von Sarah Fischkin. Sie sind im ersten
Raum zu finden, nachdem man von den fünfzehn Besprechungsteilnehmern, deren Institutionen und vom systematischen Massenmord an Millionen von Menschen, den sie
geplant haben, erfahren hat. Die Fläche über dem Namen
Sarah Fischkin (1925–1942) ist leer. Sarah ist nur durch das
Tagebuch bekannt, das sie geführt hat und das nach
dem Krieg gefunden wurde. Es ist kein Bild von ihr bekannt.
Ein eindrucksvoller leerer Raum.

Ein weiteres Beispiel ist die Geschichte von Andrée Geulen.
Das Notizbuch, das diese Lehrerin in Brüssel aufbewahrte
und in das sie die Namen und Adressen von über tausend

Menschen schrieb, ist ausgestellt. Es zeigt, wie Andrée Geulen jungen jüdischen Kindern und Jugendlichen helfen konnte, sich in Sicherheit zu bringen, indem sie sie bei Familien und in Klöstern unterbrachte. Ein Foto, ein Notizbuch und ein paar Worte lassen ein weit größeres Bild davon entstehen, was Menschen tun konnten und taten, um Juden zu helfen.

Die Art und Weise, wie diese Geschichten räumlich platziert sind, zeigt, wie sorgfältig darauf geachtet wurde, die vielen wichtigen Aspekte der Shoah trotz der Reduktion zu repräsentieren. Einfache Erzählungen, die multiple Perspektiven repräsentieren, machen diese komplexe und überwältigende Geschichte einem vielfältigen Publikum zugänglicher.«

Karen Polak
Mitglied des wissenschaftlichen Beirats der GHWK

PROJEKTBETEILIGTE

Projektleitung
Dr. Elke Gryglewski, Dr. Hans-Christian Jasch, David Zolldan

Kurator*innen
Dr. Hans-Christian Jasch (ab September 2018), Dr. Gerd Kühling,
Dr. Birga Meyer (bis September 2018), Tillman Müller-Kuckelberg,
Dr. Babette Quinkert, Katharina Zeiher

Gestaltung (Architektur und Grafik)
Franke | Steinert GmbH, Vera Franke, Frank Steinert, Christine Kitta

Wissenschaftliche Beratung
Prof. Dr. Peter Klein, Prof. Michael Wildt (Beiratsvorsitzender)
Mitglieder des Beirats: Prof. Dr. Frank Bajohr, Deidre Berger, Dr. Detlef Garbe,
Lamya Kaddor, Cilly Kugelmann, Dr. Guy Miron, Prof. Dr. Günter Morsch,
Karen Polak, Prof. Dr. Mark Roseman, Dr. Christa Schikorra, Dr. Estela Schindel,
Prof. Dr. Stefanie Schüler-Springorum, Marian Turski, PD Dr. Annette Weinke

Inhaltliche Beratung
Bildungsabteilung der GHWK, Joseph Wulf Bibliothek der GHWK,
Israelische Multiplikator*innen in Zusammenarbeit mit Beit Terezin

Berater*innen für Barrierefreiheit
Hilke Groenewold (DBSV), Dr. Christiane Schrübbers

**Fokusgruppe *Expert*innen in eigener Sache*
(Sehen, Hören, Bewegen, Verstehen)**
Sabine Graudenz (ASL), Mario Herschel (Lebenshilfe), Sabine Janßen
(Lebenshilfe), Fritz-Bernd Kneisel (SVB), Andreas Krüger (ABSV),
Andreas Liebke (BOP&P), Andrea Mattern (SVB), C. Pargmann (GETEQ), Cordula
Schürmann (GETEQ), Anja Winter (ABSV), Thomas Zander (GVB)

Leihgeberverkehr und ergänzende Recherche
Marcus Gryglewski

Redaktion und Lektorat
Cornelia Siebeck, Dr. Christiane Schrübbers

Übersetzung ins Englische
Dr. Caroline Pearce, Dr. Rona Johnston

Weitere Übersetzer*innen und Lektor*innen
Danit Dottan, Gadi Goldberg, Peer Friedman, Noha Khatib, Martina Knoll

Sprecher*innen Boris Aljinovic, Iris Berben, Eva Mattes, Hanns Zischler

Hands-On-Stationen
Dr. Elke Gryglewski, Dr. Christoph Kreutzmüller, Cornelia Siebeck,
Vera Franke, Kurator*innen

Gebäude, Denkmalschutz, Restaurierung
Untere Denkmalschutzbehörde Steglitz-Zehlendorf,
BIM Berliner Immobilienmanagement GmbH, Akanthus Restaurierungen

Ausführende Firmen und Einzelpersonen
- D4 Projekt GmbH (Ausstellungsbau)
- Deutsche Blindenstudienanstalt – blista (Tastpläne und Tastmodelle) samt Testgruppen an angeschlossenen Bildungseinrichtungen
- finke media GmbH mit Oliver Brod Tonstudio (Medienproduktion) und Christoph Schwantuschke (Animation, Motion Graphics)
- Fotoreklame Gesellschaft für Werbung FR GmbH (Grafikproduktion)
- inclusion AG (Bodenleitsystem)
- Sanne Jaeger Grafik & Trick (Faksimiles)
- Linon Medien mit DroidSolutions (Multimedia- und Audioguide, Apps)
- Dietmar Lutz Malermeister GmbH & Co. (Malerarbeiten)
- H. Ochtendung Elektroinstallation (Licht)
- Peter Palm Mapping (Kartographie)
- Raumausstattung Claus (Wandbespannungen)
- Lime Flavour (Website)
- Druckhaus Mitte (Katalogproduktion)
- Silas Bahr, Thomas Bruns, Darja Preuss (Fotografische Visualisierungen) sowie: molitor GmbH, Christian Bernert Garten- und Landschaftsbau, Ferrum Lasercut GmbH, SETIS Cine Elektronik, Strahlfix Lackiererei Berlin u.a.m.